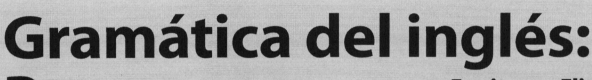

Gramática del inglés: Paso a paso

2

Escrito por Elizabeth Weal
Traducido por Gabriela Urricariet
Ilustrado por Anastasia Ionkin

Tenaya Press
Palo Alto, CA

Para mis estudiantes

Todas las consultas deben dirigirse a
Elizabeth Weal
Tenaya Press
3481 Janice Way
Palo Alto, CA 94303

650-494-3941
ElizabethWeal@tenaya.com
http://TenayaPress.Tenaya.com

Diseño: Stuart Silberman
Portada: Beth Zonderman

Acerca de la portada

La portada es una fotografía de una mola. Las molas son parte de la vestimenta tradicional de la tribu centroamericana Cuna (o Kuna) del Archipiélago de San Blas, un conjunto de islas tropicales en la costa atlántica de Panamá. Las molas, que también pueden encontrarse en Colombia, se hacen a mano usando una técnica de appliqué inverso. Se superponen múltiples capas de telas de diferentes colores y se cosen entre sí; luego el diseño se forma cortando y quitando partes de cada capa.

Fotografía de la portada: Mary Bender

ISBN 978-0-9796128-8-6

Índice

¡Bienvenidos!

Un mensaje para el estudiante

Bienvenido a *Gramática del inglés: Paso a paso 2*, un libro que te ayudará a entender los fundamentos básicos de la gramática del inglés, para que puedas hablar y escribir inglés correctamente.

Este libro se basa en el supuesto de que cualquiera puede aprender acerca de la gramática del inglés, sin importar el nivel de educación que tenga. Para asegurarnos de que esto sea posible, presentamos los conceptos de gramática paso a paso, desde lo más básico. Luego de cada concepto nuevo, encontrarás ejercicios que te darán la oportunidad de practicar lo que has aprendido, y los ejercicios adicionales al final de cada capítulo te permitirán practicar aún más. En el apéndice al final del libro encontrarás todas las respuestas a los ejercicios, de manera que siempre podrás revisar tu tarea. Al final del libro se incluye un diccionario, para poder buscar fácilmente cómo se escribe una palabra cuando no sabes.

Este libro da por sentado que tienes un conocimiento básico de la gramática del inglés. Específicamente, debes saber usar los verbos *to be* (*am*, *is* y *are*) y *to have*; y saber usar los adjetivos posesivos (*his*, *her*, *our*, etc.). También debes saber reconocer sustantivos, pronombres y adjetivos y usar correctamente la puntuación básica (puntos y signos de interrogación). Si estos temas te resultan extraños, dirígete primero a *Gramática del inglés: Paso a paso 1*; luego vuelve a este libro.

Recuerda que este libro se concentra sólo en la gramática. Aprender inglés requiere de muchas otras habilidades además de la gramática, como la pronunciación, la comprensión, el desarrollo de vocabulario y otros. Al mismo tiempo, si quieres mejorar tu inglés necesitarás un "cimiento" sólido de gramática básica, que es justamente lo que te ofrece este libro.

Un mensaje para el maestro

Gramática del inglés: Paso a paso 2 fue escrito para ayudar a los estudiantes hispanohablantes a aprender sobre gramática de una manera fácil y directa. Se concentra en muchos de los aspectos de la gramática que son confusos para los estudiantes principiantes de inglés: preposiciones, verbos en tiempo *simple present* y verbos en *present progressive*. Da por sentado que el estudiante sabe usar los verbos *to be* y *to have* y entiende el uso de adjetivos posesivos (*his*, *her*, *our*, etc.). El estudiante también debe poder reconocer sustantivos, pronombres y adjetivos y usar correctamente la puntuación básica (puntos y signos de interrogación). Si estos temas le resultan extraños al estudiante, deben dirigirse primero a *Gramática del inglés: Paso a paso 1*; luego volver a este libro.

Los maestros pueden usar *Gramática del inglés: Paso a paso 2* como libro de texto de clases en español o como complemento para alumnos hispanohablantes de clases bilingües. Debido a que el libro está disponible en inglés y en español, los maestros que no hablan español pueden leer la versión en inglés para aprender sobre las diferencias básicas entre la gramática de los dos idiomas, y luego poner a disposición de los alumnos la versión en español. La versión en inglés del libro también se puede usar con alumnos que están en un nivel intermedio de inglés como segundo idioma (ESL) y que quieren repasar gramática básica del inglés. Muchos maestros también venden este libro a sus alumnos, para que puedan estudiar en sus casas.

Agradecimientos

Muchas personas me animaron a iniciar el segundo libro de esta serie. Mi amiga y colega Maria Kleczewska fue la inspiración para el primer libro y me brindó un aliento invalorable esta segunda vez. Lorraine Reston realizó un aporte editorial valioso. Gabriela Urricariet fue una correctora y traductora capaz y concienzuda. Su ojo detallista ayudó a hacer de este libro un éxito. Anastasia Ionkin, una artista con un talento increíble, creó los dibujos que hacen que este libro sea divertido de leer. Stuart Silberman logró que el manuscrito original dejara de ser un mar gris de palabras y se transformara en un documento fácil de usar y que invita a ser leído. Beth Zonderman diseñó la portada del libro. Julie Reis y Phyllis Mayberg ayudó con la corrección del texto. Mi amiga Mary Bender me abrió los ojos a la belleza de los textiles latinoamericanos en general y de las molas en particular. La mola que aparece en la portada de este libro es parte de su colección.

También quiero agradecer a muchos miembros del personal de Sequoia Adult School--incluidos Barbara Hooper, Lionel De Maine, Pat Cocconi, Ana Escobar, Soledad Rios, Maria Ibarra, y Juan Ramirez--que han apoyado mis esfuerzos y me han ayudado para que mis libros estén disponibles para los alumnos de Sequoia Adult School.

Mi extraordinario esposo Bruce Hodge incansablemente apoyó mis esfuerzos y me ayudó con incontables tareas, desde colaborar en el diseño hasta brindar servicio técnico las 24 horas del día los siete días de la semana. Sin su ayuda, este libro no existiría. Mis hijas Chelsea y Caroline contribuyeron con aportes editoriales y artísticos. Por último, quiero agradecer a los muchos alumnos que completaron mi primer libro; y luego me agradecieron por ayudarlos a entender la gramática del inglés. Ellos realmente fueron mi inspiración.

Capítulo 1

My shoes are under the chair.

(Mis zapatos están debajo de la silla.)

Imagina esta situación: Se te hizo tarde para el trabajo. Tu jefe, quien sólo habla inglés, te llama al celular para averiguar dónde estás. Si no puedes responderle, ¡tendrás un problema! En este capítulo, aprenderás a responder preguntas acerca de dónde estás y también acerca de dónde están las cosas en tu casa y en tu trabajo.

Al finalizar este capítulo, podrás:
- Reconocer las preposiciones
- Usar preposiciones para describir dónde se encuentran personas y objetos
- Hacer y responder preguntas acerca de dónde se encuentran personas y objetos
- Decir la hora
- Hacer y responder preguntas acerca de dónde y a qué hora se llevan a cabo actividades

Una *preposición* es una palabra que muestra la relación entre otras palabras en una oración. En, a, entre y sin son todas preposiciones en español. Una *preposición de ubicación* o *una preposición de lugar* describe dónde está ubicado algo o alguien. En esta sección, aprenderás varias preposiciones de ubicación. En las siguientes ilustraciones, cada preposición de lugar <u>está subrayada</u>.

   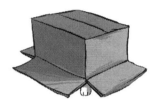

The rabbit is <u>in</u> the box.	**The rabbit is <u>on</u> the box.**	**The rabbit is <u>above</u> the box.**	**The rabbit is <u>under</u> the box.**
(El conejo está en la caja. El conejo está dentro de la caja.)	(El conejo está en la caja. El conejo está sobre la caja.)	(El conejo está arriba de la caja.)	(El conejo está abajo de la caja.)

¿Notaste que en tiene dos significados en inglés: in y **on**? En general, **in** significa dentro de y **on** significa sobre.

Una preposición es parte de la oración

Para entender la gramática del inglés o del español, es muy útil entender *las partes de la oración*, los nombres que se usan para especificar cómo se usa una palabra en una oración. A continuación aparece un resumen de las partes de la oración, con las que deberías familiarizarte.*

Parte de la oración	Definición	Ejemplos
noun (sustantivo)	Persona, lugar, animal o cosa	**teacher** (maestra); **school** (escuela); **dog** (perro); **table** (mesa)
pronoun (pronombre)	Una palabra que reemplaza un sustantivo	**I** (yo); **you** (usted, tú, ustedes); **we** (nosotros, nosotras); **he** (él); **she** (ella)
adjective (adjetivo)	Una palabra que modifica o describe un sustantivo o pronombre	**big** (grande, grandes); **beautiful** (bonito, bonita, bonitos, bonitas)
verb (verbo)	Una palabra que muestra acción o estado actual	**is** (ser, estar); **have** (tener); **work** (trabajar)
preposition (preposición)	Una palabra que muestra la relación entre otras palabras en una oración	**under** (abajo de); **above** (arriba de)

*Si no estás seguro de cómo reconocer sustantivos, pronombres y adjetivos, lee *Gramática del inglés: Paso a paso 1*. Hablaremos más sobre cómo reconocer verbos en el capítulo 4.

1.1.a Actividades: Una de las tres palabras en cada grupo de palabras <u>no</u> es una preposición. Tacha la palabra que <u>no</u> es una preposición. Si no sabes lo que significa alguna de las palabras, búscala en el diccionario al final de este libro.

1. ~~boy~~, above, in

2. in, husband, on

3. television, under, above

4. on, above, tired

1.1.b Actividades: Una de las tres palabras en cada grupo de palabras <u>no</u> es un sustantivo. Tacha la palabra que <u>no</u> es un sustantivo. Recuerda que un sustantivo es una persona, lugar, animal o cosa.

1. microwave, ~~beautiful~~, house

2. apartment, table, in

3. eggs, book, happy

4. black, dress, house

5. cousin, aunt, at

6. cat, dog, dirty

7. above, coffee, car

8. year, month, are

1.1.c Actividades: Una de las tres palabras en cada grupo de palabras <u>no</u> es un pronombre. Tacha la palabra que <u>no</u> es un pronombre. Recuerda que un pronombre es una palabra que puede reemplazar un sustantivo.

1. he, ~~doctor~~, she

2. white, she, it

3. I, store, you

4. ball, it, they

5. they, we, pencil

6. backpack, it, you

7. she, sad, we

8. happy, he, they

1.1.d Actividades: Una de las tres palabras en cada grupo de palabras <u>no</u> es un adjetivo. Tacha la palabra que <u>no</u> es un adjetivo. Recuerda que un adjetivo es una palabra que describe un sustantivo o pronombre.

1. ~~cashier~~, tired, handsome

2. blue, airplane, purple

3. yellow, happy, it

4. sad, lazy, person

5. beautiful, apple, red

6. old, new, dog

7. above, heavy, thin

8. interesting, good, student

11.e Acttividades: Escribe la preposición que describe cada dibujo.

 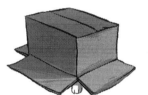  

1. The rabbit is _on_ the box.

2. The rabbit is _____ the box.

3. The rabbit is _____ the box.

4. The rabbit is _____ the box.

Con frecuencia usarás preposiciones de ubicación para decir dónde están ubicadas las cosas en tu casa. Las siguientes ilustraciones muestran las habitaciones de una casa y lo que a menudo se encuentra en cada una de ellas. En el diccionario en la parte final del libro puedes encontrar indicaciones sobre cómo se pronuncian estas palabras. Usarás estas palabras en los ejercicios en la siguiente página.

Kitchen (cocina)

Living room (sala)

Bedroom (dormitorio/recámara)

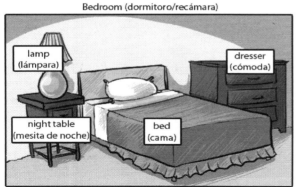

Bathroom (baño)

Room (cuarto)

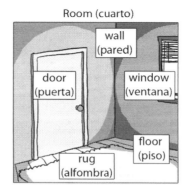

La preposición **in** se usa para hablar de los objetos en un cuarto. Por ejemplo:

▶ The apples are **in** the kitchen. (Las manzanas están en la cocina.)

▶ The toys are **in** the living room. (Los juguetes están en la sala.)

1.2.a Actividades: Identifica los artículos en cada uno de los dibujos.

Kitchen

1.
2.
3.
4.
5.
6.

Living room

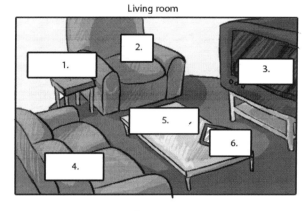

1.
2.
3.
4.
5.
6.

Bedroom

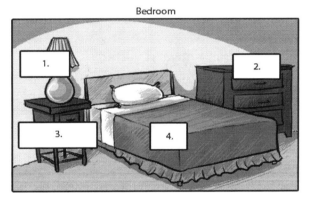

1.
2.
3.
4.

Bathroom

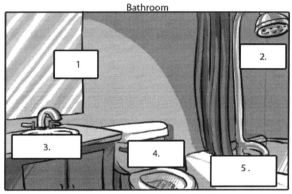

1
2.
3.
4.
5.

Kitchen

1. microwave

2.

3.

4.

5.

6.

Living room

1.

2.

3.

4.

5.

6.

Bedroom

1.

2.

3.

4.

Bathroom

1.

2.

3.

4.

5.

Aquí hay más preposiciones de ubicación para que estudies.

The rabbit is between the boxes.
(El conejo está entre las cajas.)

The rabbit is next to the box.
(El conejo está al lado de la caja.)

The rabbit is in front of the box.
(El conejo está delante de la caja.)

The rabbit is behind the box.
(El conejo está detrás de la caja.)

La preposición between

Tanto en inglés como en español, la preposición **between** (entre) siempre está seguida de dos sustantivos singulares o de un sustantivo plural. Por ejemplo, si un gato está entre dos cajas, se dice:

▶ The cat is **between** the boxes. (El gato está entre las cajas.)

Si el gato está entre una caja y una pelota, se dice:

▶ The cat is **between** the box and the ball. (El gato está entre la caja y la pelota.)

No es correcto decir:

▶ The cat is ~~between the box~~. (El gato está ~~entre la caja~~.)

Las preposiciones compuestas por más de una palabra

Tal vez hayas notado que varias preposiciones tanto en inglés como en español están formadas por más de una palabra. A veces, se las llama *preposiciones compuestas*. Por ejemplo, **next to** tiene dos palabras; al lado de tiene tres palabras. Independientemente del idioma, lo importante es incluir todas las palabras de la preposición compuesta y asegurarse de separar correctamente las palabras que forman la preposición compuesta. Por lo tanto, se dice:

▶ The cat is **next to** the box. (El gato está al lado de la caja.)

No es correcto decir:

▶ The cat ~~is next the box.~~ / The cat is ~~nexto the box.~~

1.3.a Actividades: Escribe la preposición que describe cada dibujo.

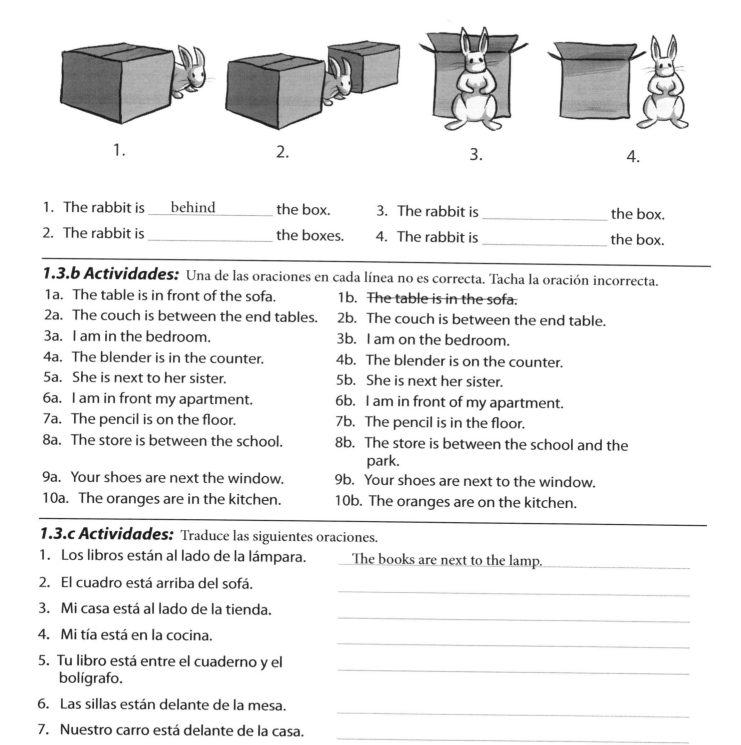

1.   2.   3.   4.

1. The rabbit is ___behind___ the box.   3. The rabbit is _____ the box.
2. The rabbit is _____ the boxes.   4. The rabbit is _____ the box.

1.3.b Actividades: Una de las oraciones en cada línea no es correcta. Tacha la oración incorrecta.

1a. The table is in front of the sofa.
1b. ~~The table is in the sofa.~~

2a. The couch is between the end tables.
2b. The couch is between the end table.

3a. I am in the bedroom.
3b. I am on the bedroom.

4a. The blender is in the counter.
4b. The blender is on the counter.

5a. She is next to her sister.
5b. She is next her sister.

6a. I am in front my apartment.
6b. I am in front of my apartment.

7a. The pencil is on the floor.
7b. The pencil is in the floor.

8a. The store is between the school.
8b. The store is between the school and the park.

9a. Your shoes are next the window.
9b. Your shoes are next to the window.

10a. The oranges are in the kitchen.
10b. The oranges are on the kitchen.

1.3.c Actividades: Traduce las siguientes oraciones.

1. Los libros están al lado de la lámpara.   The books are next to the lamp.

2. El cuadro está arriba del sofá.

3. Mi casa está al lado de la tienda.

4. Mi tía está en la cocina.

5. Tu libro está entre el cuaderno y el bolígrafo.

6. Las sillas están delante de la mesa.

7. Nuestro carro está delante de la casa.

1.4　Preguntas con *Where* y objetos

Ahora que ya sabes algunas preposiciones, estás listo para empezar a hacer preguntas acerca de dónde están las cosas. Observa esta conversación:

Fíjate en lo siguiente:

▶ La madre usa **Where is** en la primera pregunta porque está preguntándole a su hija acerca de su mochila, que es una palabra en singular.

▶ La madre usa **Where are** en la segunda pregunta porque está preguntándole a su hija acerca de sus zapatos, que es una palabra en plural.

La respuesta de la hija a la primera pregunta es:

▶ It is on the floor. (Está en el piso.)

También es correcto, aunque menos común, responder:

▶ My backpack is on the floor. (Mi mochila está en el piso.)

Las preguntas formadas por **where** (dónde) y el verbo **to be** tienen la siguiente estructura:

Interrogativo y verbo	Resto de la oración	Traducción en español
Where is **Where's**	**the book?**	¿Dónde está el libro?
Where are	**the books?**	¿Dónde están los libros?

Las Contracciones

Una *contracción* es una palabra que se forma al unir dos palabras. Se puede usar una contracción para acortar **where is** y hacerla **where's**. Como puedes ver en el cuadro de arriba, las siguientes preguntas significan lo mismo:

▶ Where's the book? Where is the book?

No puedes usar una contracción para acortar **where are**. Por ejemplo, no puedes preguntar:

▶ ~~Where're~~ the books?

1.4.a Actividades: Observa las imágenes. Luego, responde las preguntas usando una de las siguientes preposiciones **in**, **on**, **under**, **between**, **in front of** o **next to**. Ten en cuenta que cada línea representa una palabra en la respuesta.

1. The shoes are _____under_____ the table.

2. The sock (*calcetín*) is _____ the shoes.

3. The dog is _____ the floor.

4. The bread (*pan*) is _____ the table.

5. The cheese (*queso*) is _____ _____ the bread.

6. The ball is _____ _____ _____ the dog.

7. The broom (*escoba*) is _____ _____ _____ the table.

8. The dog is _____ the living room.

1.4.b Actividades: Escribe una pregunta con **Where** antes de cada respuesta. No te olvides de terminar cada pregunta con un signo de interrogación (?).

1. ___Where is the ball?___   The ball is on the floor.

2. _____   The books are on the table.

3. _____   The towels (*toallas*) are in the bathroom.

4. _____   The socks are on the dresser.

5. _____   The pizza is in the kitchen.

6. _____   The students are at the park.

En esta sección, aprenderás a hacer preguntas para averiguar dónde están las personas. Lee esta conversación por teléfono celular entre esposo y esposa.

Fíjate en lo siguiente:

▶ En la primera conversación, la esposa usa la preposición **in** porque se está refiriendo a un cuarto (**kitchen**).

▶ En la segunda conversación, ella usa la preposición **at** porque se está refiriendo a un lugar en el vecindario (**school**).

El siguiente cuadro indica cuáles preposiciones usar según el lugar del que hables.

Preposición	Ejemplo en inglés	Ejemplo en español
Usa **at** antes de un lugar	**at** the library **at** the beach **at** the restaurant **at** the park **at** home **at** work **at** school **at** church **at** Rick's Restaurant **at** Hoover Park	en la biblioteca en la playa en el restaurante en el parque en casa en el trabajo en la escuela en la iglesia en el restaurante Rick's en el parque Hoover
Usa **at** para las direcciones	**at** 313 Grove Street	en el 313 de la calle Grove
Usa **in** antes de un cuarto, una ciudad, un estado o un país	**in** the kitchen **in** the office **in** the classroom **in** San Francisco **in** California **in** Mexico **in** the United States	en la cocina en la oficina en el aula, en la clase en San Francisco en California en México en los Estados Unidos
Usa **on** para los nombres de las calles	**on** Ross Street	en la calle Ross

Observa lo siguiente:

▶ Nunca se debe usar **the** antes del nombre de un lugar específico, como **Rick's Restaurant** o **Hoover Park**. Sí se debe usar **the** al hablar de un sitio en general, como **the restaurant** o **the park**.

▶ No hay una buena explicación sobre por qué se usa **the** antes de los nombres de algunos lugares y de otros, no. En general, se usa the antes de los nombres de lugares de manera general, excepto **work**, **school** y **church**.

1.5.a Actividades: Completa cada oración con **at, in** u **on**.

1. I am __in__ the bedroom.
2. Laura is _____ home.
3. Jose is _____ New Orleans.
4. The teacher is _____ the classroom.
5. The party is _____ 17 Post Avenue.
6. Carlos is _____ the beach.
7. My sisters are _____ school.
8. Sam is _____ work.
9. Luis is _____ the United States.
10. Carlos is not _____ Chicago.
11. My uncles are _____ Mexico.
12. My house is _____ 222 Pine St.
13. My house is _____ Center Street.
14. Andrew is not _____ the bedroom.
15. Jose is a cook _____ Nick's Restaurant.
16. We are not _____ the park.

1.5.b Actividades: Una de las oraciones en cada línea <u>no</u> es correcta. Tacha la oración incorrecta.

1a. Lisa is at the beach.
1b. ~~Lisa is in the beach.~~
2a. Marian is in work.
2b. Marian is at work.
3a. Maria is in the home.
3b. Maria is at home.
4a. Our teacher is in the classroom.
4b. Our teacher is at the classroom.
5a. I am in the living room.
5b. I am at the living room.
6a. The book is in the sofa.
6b. The book is on the sofa.
7a. My parents are at the work.
7b. My parents are at work.
8a. My friends are at Pedros Pizza Restaurant.
8b. My friends are at the Pedros Pizza Restaurant.
9a. Her house is on 8th Ave.
9b. Her house is in 8th Ave.
10a. I am no at work.
10b. I am not at work.
11a. The students are at the El Pueblo Market.
11b. The students are at El Pueblo Market.
12a. We are at the beach.
12b. We are in the beach.

1.5.c Actividades: Traduce las siguientes oraciones.

1. Estoy en Chicago.   I am in Chicago.

2. Él está en Perú.

3. Juana es de Perú.

4. Mis amigos están en la playa.

5. Los estudiantes están en la biblioteca.

6. Tus libros están en la cama.

7. Los juguetes están en el piso.

Las preposiciones

Una *preposición* es una palabra que muestra la relación entre otras palabras en una oración. En, a, entre y sin son todas preposiciones en español. Una *preposición de ubicación* describe dónde está ubicado algo o alguien. Las siguientes son algunas preposiciones de lugar comunes:

in	on	above
under	next to	between
in front of	behind/in back of	

El uso de las preposiciones para hablar de lugares específicos

Las preguntas formadas por **where** (dónde) y el verbo **to be** tienen la siguiente estructura:

Preposición	Ejemplo en inglés	Ejemplo en español
Usa **at** antes de un lugar	<u>at</u> the library <u>at</u> the beach <u>at</u> the restaurant <u>at</u> the park <u>at</u> home <u>at</u> work <u>at</u> school <u>at</u> church <u>at</u> Rick's Restaurant <u>at</u> Hoover Park	en la biblioteca en la playa en el restaurante en el parque en casa en el trabajo en la escuela en la iglesia en el restaurante Rick's en el parque Hoover
Usa **at** para las direcciones	<u>at</u> 313 Grove Street	en el 313 de la calle Grove
Usa **in** antes de un cuarto, una ciudad, un estado o un país y	<u>in</u> the kitchen <u>in</u> the office <u>in</u> the classroom <u>in</u> San Francisco <u>in</u> California <u>in</u> Mexico <u>in</u> the United States	en la cocina en la oficina en el aula, en la clase en San Francisco en California en México en los Estados Unidos
Usa **on** para los nombres de las calles	<u>on</u> Ross Road	en la calle Ross

Preguntas con *Where*

Las preguntas formadas por **where** (dónde) y el verbo **to be** tienen la siguiente estructura:

Interrogativo	Verbo	Resto de la oración	Traducción en español
Where Where's	is	the book?	¿Dónde está el libro?
Where	are	the books?	¿Dónde están los libros?

🗣️ ¡Más ejercicios!

P1.a Actividades: Una de las tres palabras en cada grupo de palabras no es una preposición. Tacha la palabra que <u>no</u> es una preposición.

1. ~~boy~~, above, in
2. in front of, bed, between
3. she, at, next to
4. under, tired, behind

5. in front of, green, between
6. on, tall, next to
7. above, they, behind
8. across from, happy, under

P1.b Actividades: Una de las tres palabras en cada grupo de palabras no es un sustantivo. Tacha la palabra que <u>no</u> es un sustantivo.

1. book, ~~beautiful~~, student
2. shower, nurse, in
3. school, dog, bad
4. apartment, new, car

5. floor, is, bed
6. kitchen, sofa, dirty
7. above, sink, teacher
8. we, pencil, New York

P1.c Actividades: Una de las tres palabras en cada grupo de palabras no es un pronombre. Tacha la palabra que <u>no</u> es un pronombre.

1. she, ~~nurse~~, I
2. kitchen, it, they
3. I, window, she
4. they, you, hot

5. he, I, pencil
6. sick, they, you
7. school, I, she
8. picture, you, we

P1.d Actividades: Una de las tres palabras en cada grupo de palabras <u>no</u> es un adjetivo. Tacha la palabra que <u>no</u> es un adjetivo.

1. ~~dresser~~, red, new
2. sick, rabbit, purple
3. on, happy, green
4. aunt, expensive, healthy

5. beautiful, ugly, children
6. under, handsome, dirty
7. above, tall, thin
8. lazy, hardworking, study

P1.e Actividades: Una de las oraciones en cada línea <u>no</u> es correcta. Tacha la oración incorrecta.

1a. ~~The books are next the lamp.~~
2a. The students are in the classroom.
3a. Yvonne is at home.
4a. The photos are in front the table.
5a. I am at work.
6a. The dog is between the chairs.
7a. My wife is at Berkeley Adult School.
8a. Susan is at the Benny's Restaurant.

1b. The books are next to the lamp.
2b. The students are on the classroom.
3b. Yvonne is in the home.
4b. The photos are in front of the table.
5b. I am at the work.
6b. The dog is between the chair.
7b. My wife is at the Berkeley Adult School.
8b. Susan is at Benny's Restaurant.

P1.f Actividades: Escribe la preposición que describe cada dibujo.

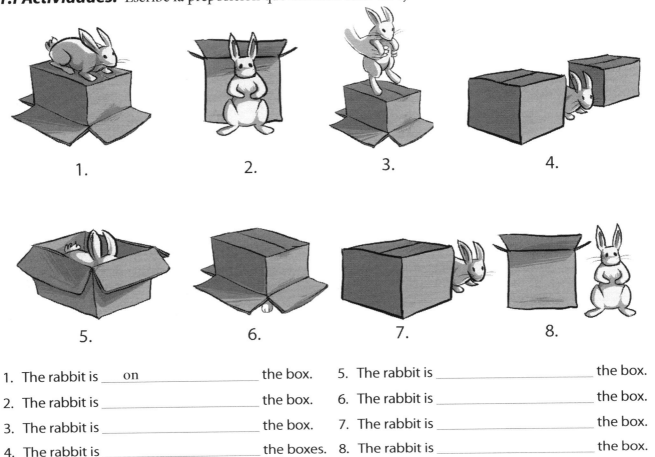

1.

2.

3.

4.

5.

6.

7.

8.

1. The rabbit is ___on___ the box.
2. The rabbit is _____ the box.
3. The rabbit is _____ the box.
4. The rabbit is _____ the boxes.

5. The rabbit is _____ the box.
6. The rabbit is _____ the box.
7. The rabbit is _____ the box.
8. The rabbit is _____ the box.

P1.g Actividades: Completa cada oración con **at, in, on** o **between**.

1. I am ___in___ Chicago.
2. Adam is _____ Michoacan.
3. Jose is _____ work.
4. We are not _____ home.
5. The women are _____ church.
6. Caroline is _____ the beach.
7. The students are _____ the library.
8. Sam is not _____ work.

9. Luis is _____ the United States.
10. Carlos is not _____ Texas.
11. Your books are _____ the floor.
12. The photo is _____ the wall.
13. The plates are _____ the table.
14. My house is not _____ Redwood City.
15. Jose is _____ Nick's Pizza.
16. The boys are _____ Mitchell Park.

P1.h Actividades: Traduce las siguientes oraciones.

1. Tus llaves están en la mesa.   Your keys are on the table.
2. Mi mochila está en la cocina.   _____
3. Samuel está en la iglesia.   _____
4. Los estudiantes están en la biblioteca.   _____
5. Tus libros están al lado de la lámpara.   _____

P1.i Actividades: Lee el párrafo y responde las preguntas. Usa oraciones completas. No uses contracciones.

Efrain is sad. He is at his apartment but his apartment is empty (*vacío*). His brother is at work. His mother and father are also at work. His sisters are at school. His grandmother is in her bedroom. She is sleeping (*durmiendo*) because she is sick. His grandfather is at the park. Efrain has two dogs. His dogs are with (*con*) his grandfather. Efrain is lonely (*solitario*). He calls his friend. He feels better (*mejor*).

1. Where is Efrain? _He is at his apartment._

2. Where is his brother? _____

3. Where are his parents? _____

4. Where are his sisters? _____

5. Where is his grandmother? _____

6. Where is his grandfather? _____

7. Where are his dogs? _____

P1.j Actividades: Observa la agenda cargada de Dulce. Luego responde las preguntas. Usa oraciones completas. No uses contracciones. Revisa el cuadro de la página 12 para ver cúando debes usar **the** y cuándo no debes usarlo.

6:00 a.m.	home
7:00 a.m.	Silver Gym
8:00 a.m.	work
9:00 a.m.	work
10:00 a.m.	work
11:00 a.m.	work
12:00 p.m.	Hoppers Restaurant
1:00 p.m.	school
2:00 p.m.	school
3:00 p.m.	school
4:00 p.m.	library
5:00 p.m.	supermarket
6:00 p.m.	home

1. Where is Dulce at 6:00 a.m.? _She is at home._

2. Where is Dulce at 7:00 a.m.? _____

3. Where is Dulce at 8:00 a.m.? _____

4. Where is Dulce at 12:00 p.m.? _____

5. Where is Dulce at 1:00 p.m.? _____

6. Where is Dulce at 4:00 p.m.? _____

7. Where is Dulce at 5:00 p.m.? _____

8. Where is Dulce at 6:00 p.m.? _____

Capítulo 2

What is your son's date of birth?

(¿Cuál es la fecha de nacimiento de tu hijo?)

Cuando solicitas empleo o tienes un turno con el médico en el hospital, con frecuencia debes responder preguntas sobre tu fecha de nacimiento o sobre los días que estarás disponible para el próximo turno. En este capítulo te enseñaremos cómo responder a ese tipo de preguntas.

Al finalizar este capítulo, podrás:

- Hacer y responder preguntas acerca de cuándo y a qué hora se llevan a cabo actividades
- Proporcionar información personal, como tu dirección, número de teléfono, fecha de nacimiento y país de origen

Preguntas con *What time*

Saber decir la hora en inglés es muy útil. Lee esta conversación.

Fíjate en lo siguiente:

- ▶ Al responder la primera pregunta, se usa la preposición **at** porque se habla de a qué hora sucede un evento. En la respuesta a la segunda pregunta no se usa una preposición porque sólo se está diciendo la hora actual.

- ▶ Las respuestas a las dos preguntas de arriba comienzan con **it**. No es correcto decir ~~Is 8:30.~~ o ~~Is at 8:30.~~

Cuando respondes una pregunta que incluye **what time** (a qué hora/qué hora), puedes repetir el sujeto o puedes reemplazar el sujeto con el pronombre **it**. Por ejemplo, como respuesta a la primera pregunta de arriba, puedes decir:

- ▶ The party is at 8:30. (La fiesta es a las ocho y media.)

Las preguntas hechas con **what time** (a qué hora/qué hora) y el verbo **to be** tienen la siguiente estructura:

Interrogativo	Verbo **to be**	Resto de la oración	Traducción en español
What time	**is**	**your appointment?**	¿A qué hora es tu cita?

Con frecuencia incluyes la hora cuando hablas sobre algún evento específico. Estudia estas palabras.

Vocabulario: Actividades y eventos		
appointment (cita)	**class** (clase)	**meeting** (reunión)
work (trabajo)	**party** (fiesta)	**break** (descanso)

Cuando hablas de un evento, con frecuencia necesitas especificar a qué hora el evento empieza y termina. Para hacer esto, se usa **from** (de) y **to** (a). Por ejemplo:

- ▶ My appointment is **from** 9:00 **to** 12:00. My appointment is **from** 9:00 – 12:00.
  (Mi cita es de las nueve a las doce. Mi cita es de nueve a doce.)

2.1.a Actividades: Traduce cada palabra al español.

1. work _trabajo_
2. appointment _____
3. break _____

4. party _____
5. meeting _____
6. class _____

2.1.b Actividades: Traduce cada palabra al inglés.

1. cita _appointment_
2. clase _____
3. fiesta _____

4. reunión _____
5. trabajo _____
6. descanso _____

2.1.c Actividades: Observa los horarios de Amanda. Luego responde las preguntas con oraciones completas. Asegúrate de incluir la preposición **at** en tu respuesta.

9:00 a.m.	English class	3:00 p.m.	
10:00 a.m.		4:00 p.m.	meeting
11:00 a.m.	math class	5:00 p.m.	appointment with Luis Mendoza
12:00 p.m.		6:00 p.m.	
1:00 p.m.		7:00 p.m.	
2:00 p.m.	appointment with Dr. Dodd	8:00 p.m.	party

1. What time is the appointment with Dr. Dodd? _It is at 2:00 p.m._
2. What time is the party? _____
3. What time is the appointment with Luis Mendoza? _____
4. What time is the English class? _____
5. What time is the meeting? _____
6. What time is the math class? _____

2.1.d Actividades: Traduce las siguientes oraciones.

1. La reunión es a las seis. _The meeting is at 6:00._
2. Mi clase es a las ocho y media. _____
3. Tu cita es a las dos y cuarto. _____
4. La fiesta es de las nueve a las doce. _____
5. Nuestra cita es de las tres a las cuatro. _____
6. Mi descanso es de las diez a las diez y media. _____

Los días, los meses y las fechas

En esta sección aprenderás a especificar días, meses y fechas correctamente. Empecemos con vocabulario. Recuerda que las pronunciaciones de todas estas palabras están incluidas en el diccionario en la parte final del libro.

Vocabulario: Días de la semana y sus abreviaturas

Monday, Mon. (lunes)	**Tuesday, Tues.** (martes)	**Wednesday, Wed.** (miércoles)	**Thursday, Thurs.** (jueves)
Friday, Fri. (viernes)	**Saturday, Sat.** (sábado)	**Sunday, Sun.** (domingo)	

Vocabulario: Los meses del año y sus abreviaturas

January, Jan. (enero)	**February, Feb.** (febrero)	**March, Mar.** (marzo)	**April, Apr.** (abril)
May (mayo)	**June** (junio)	**July** (julio)	**August, Aug.** (agosto)
September, Sept. (septiembre)	**October, Oct.** (octubre)	**November, Nov.** (noviembre)	**December, Dec.** (diciembre)

Fíjate en lo siguiente:

► En inglés, a diferencia del español, los días de la semana y los meses del año siempre se escriben con letra mayúscula.

► Las abreviaturas siempre van seguidas de un punto (.).

Por último, estudia estas horas del día.

Vocabulario: Las horas del día

morning (mañana)	**afternoon** (tarde)	**evening***	**night** (noche)

*No hay una traducción en español para **evening**. En general, se refiere a la hora del día entre las 5:00 p.m. y las 9:00 p.m.

Escribir la fecha

Hay muchas maneras de escribir la fecha en inglés. Estudia estos ejemplos. Todos son correctos.

August 2, 2010	**Aug. 2, 2010**	**8-2-2010**	**8/2/2010**

► En inglés, el mes va antes del día. Por lo tanto, **8/2/2010** significa **August 2, 2010**. No significa ~~February 8, 2010.~~

► Debes colocar una coma entre el día y el año. Por lo tanto, esta fecha no es correcta: ~~August 2 2010.~~

► Debes poner un punto (.) después de las abreviaturas. Por lo tanto, esta fecha no es correcta ~~Aug 2, 2010.~~

► Puedes usar barras oblicuas (/) o guiones (-) para separar el día, el mes y el año. No puedes usar una barra oblicua y un guión en la misma fecha. Por lo tanto, estas fechas no son correctas.

~~8/2-10~~   ~~8-2/2010~~

2.2.a Actividades: Escribe cada fecha. Usa letras para escribir el mes. No uses abreviaturas.

1. 6/7/09 ___June 7, 2009___
2. 1/3/10 _____
3. 11/12/99 _____

4. 8/17/06 _____
5. 7/21/12 _____
6. 9/1/96 _____

2.2.b Actividades: Escribe cada fecha. Usa letras para escribir el mes. Usa abreviaturas.

1. 8/24/08 ___Aug. 24, 2008___
2. 3/3/13 _____
3. 10/10/07 _____

4. 12/1/99 _____
5. 2/2/12 _____
6. 4/19/86 _____

2.2.c Actividades: Usa el formato mm/dd/aaaa para escribir cada fecha.

1. August 17, 1985 ___8/17/1985___
2. May 7, 2012 _____
3. September 11, 2001 _____

4. July 16, 1969 _____
5. Nov. 25, 2006 _____
6. Dec. 25, 2012 _____

2.2.d Actividades: Responde cada pregunta. No es necesario que escribas la oración completa.

1. What month is after (después de) February? ___March___
2. What day is before (antes de) Tuesday? _____
3. What day is before Saturday? _____
4. What day is after Wednesday? _____
5. What month is after July? _____
6. What month is before April? _____
7. What day is after Saturday? _____
8. What day is after Tuesday? _____
9. What month is before January? _____

2.2.e Actividades: Una de las fechas en cada línea no es correcta. Tacha la fecha incorrecta.

1a. ~~3/3-2007~~
2a. April 4 2009
3a. 1-15-2010
4a. Feb 14 2009
5a. February 3 1999
6a. 7/17/09
7a. August 18, 2011
8a. 9/10/2009

1b. 3/3/2007
2b. April 4, 2009
3b. 1-15/2010
4b. Feb. 14, 2009
5b. February 3, 1999
6b. 7/17-09
7b. Aug 18, 2011
8b. 9/10 2009

Lee esta conversación.

Observa que esta conversación breve incluye tres preposiciones diferentes:

► Se usa la preposición **on** antes de la fecha, **July 23**, y antes del día de la semana, **Tuesday**.

► Se usa la preposición **at** antes de la hora.

► Se usa la preposición **in** antes de la hora del día, que, en este caso, es **afternoon**. (Ten en cuenta que se usa la preposición **at** antes de **night**.)

Las preposiciones usadas en la conversación se llaman *preposiciones de tiempo*. Estudia el siguiente cuadro para saber cuál preposición de tiempo usar.

Preposiciones de tiempo	Ejemplo	Traducción en español
Usa **on** antes de los días de la semana	**on Monday**	el lunes
Usa **on** antes de las fechas	**on February 22**	el 22 de febrero
Usa **in** antes de los meses y los años	**in March** **in 2010**	en Marzo en 2010
Usa **in** antes de la mayoría de las horas del día	**in the morning** **in the afternoon** **in the evening**	de la mañana, por la manaña, de la tarde, por la tarde
Usa **at** antes de **night**	**at night**	de la noche, por la noche
Usa **at** antes de la hora	**at 6:00**	a las seis

Las preguntas formadas por **when** (cuándo) y el verbo **to be** tienen la siguiente estructura:

Interrogativo	Verbo to be	Resto de la oración	Traducción en español
When	**is**	**your appointment?**	¿Cuándo es tu cita?

Cuando respondes una pregunta con **when**, puedes repetir el sujeto o puedes reemplazar el sujeto con un pronombre sujeto. Por ejemplo, en respuesta a la pregunta de arriba, puedes decir:

► My appointment is on June 25th.

► It is on June 25th.

Las dos respuestas son correctas pero la segunda respuesta es más común. No es correcto decir ~~Is on June 25th.~~

2.3.a Actividades: Completa cada frase con **on**, **in** o **at**.

1. __at__ 2:00
2. _____ Monday
3. _____ the morning
4. _____ 2010
5. _____ January 22, 2011
6. _____ Friday
7. _____ the afternoon

8. _____ 3:30
9. _____ the evening
10. _____ Saturday
11. _____ September 20
12. _____ 1998
13. _____ night
14. _____ June 16, 2009

2.3.b Actividades: Lee las tarjetas de citas. Luego responde cada pregunta con una oración completa.

Dr. Mark Jones	Dr. Andrea Martin	Maria London
Dentist	Pediatrician	Attorney (abogada)
Date: January 22	Date: August 30	Date: March 2
Time: 1:15 p.m.	Time: 4:30 p.m.	Time: 9 a.m.

1. When is the appointment with Dr. Jones?   It is on January 22.
2. What time is the appointment with Dr. Jones?
3. When is the appointment with Dr. Martin?
4. What time is the appointment with Dr. Martin?
5. What time is the appointment with Ms. London?
6. When is the appointment with Ms. London?

2.3.c Actividades: Completa cada oración con **on**, **in** o **at**.

1. The party is _on_ Tuesday _at_ 3:00.
2. The meeting is _____ 8:00 _____ night.
3. I am tired _____ the morning.
4. My trip (viaje) is _____ September.
5. The party isn't _____ night. It's _____ the morning.
6. Her appointment is _____ March 2.
7. She is hungry _____ the evening.
8. The meeting is _____ 4:00 _____ Wednesday.

2.3.d Actividades: Completa cada oración con **from**, **to** o **at**.

1. My meeting is from 2:00 _to_ 3:00.
2. My math class is _____ 6:30.
3. Our break is _____ 9:00.
4. Her break is from 10:00 _____ 10:30.
5. Their appointment is _____ 7:30 to 8:00.
6. I work _____ 8:00 _____ 5:00.

2.4 Preguntas con *What*

Muchas de las preguntas que se usan para obtener información empiezan con **what** (qué o cuál). Las preguntas formadas por **what** (qué o cuál) y el verbo **to be** tienen la siguiente estructura:

Interrogativo	Verbo to be	Resto de la oración	Traducción en español
What	**is**	**your name?**	¿Cuál es tu nombre? ¿Cómo te llamas?

Puedes usar una contracción para acortar **what is** y hacerla **what's**. Las dos preguntas tienen el mismo significado:

▶ What's your name?

▶ What is your name?

La siguiente lista incluye palabras que tal vez necesites cuando tengas que completar formularios o responder preguntas sobre información personal. Usarás estas palabras en los ejercicios en la próxima página.

Vocabulario: Información personal		
first name (nombre)	**last name** (apellido)	**middle name** (segundo nombre)
complete name/full name (nombre completo)	**middle initial** (la inicial del segundo nombre)	**street address** (dirección)
city (ciudad)	**state** (estado)	**country** (país)
zip code (código postal)	**area code** (código de área)	**telephone number** (número de teléfono)
date of birth (fecha de nacimiento)	**birthday** (cumpleaños)	**place of birth** (lugar de nacimiento)
job/occupation (trabajo)	**Social Security Number** (número de Seguro Social)	**age** (edad)

Notas:

▶ **Area code** (código de área) está formado por los 3 dígitos que están antes del número de teléfono.

▶ **Zip code** (código postal) es el código que se escribe después del estado. El código postal por lo general tiene seis dígitos, pero a veces tiene nueve.

▶ **Date of birth** (fecha de nacimiento) y **birthday** (cumpleaños) no son lo mismo. Por ejemplo, si tu fecha de nacimiento es **June 22, 1980** (el 22 de junio de 1980), tu cumpleaños es **June 22** (el 22 de junio).

2.4.a Actividades: Subraya la opción que mejor se ajusta a la descripción.

1. **Zip code**   a. 46578   b. 423   c. 656-456-3421
2. **Date of birth** a. 5/6/91   b. May 6   c. May, 1991
3. **Middle initial** a. Macias   b. M.   c. Daniel
4. **Birthplace**   a. Puebla, Mexico b. 7/22/86   c. 22 River Road
5. **Job**   a. Hawaii   b. United States   c. engineer
6. **Area code**   a. 46578   b. 816   c. 816-678-8865

2.4.b Actividades: Escribe la letra que describe la información en la columna 1.

1. M. _f_   a. Last name
2. nurse _____   b. Date of birth
3. 55897 _____   c. City
4. 212 _____   d. Street address
5. 457 64 5356 _____   e. Birthday
6. Lopez _____   f. Middle initial
7. Los Angeles _____   g. State
8. July 22 _____   h. Job
9. California _____   i. Country
10. United States _____   j. Zip code
11. 444 Main Street _____   k. Area code
12. Artemio _____   l. Social Security Number
13. 7/5/1990 _____   m. First name
14. Artemio M. Lopez _____   n. Complete name

2.4.c Actividades: Observa la tarjeta de identificación. Luego, responde las preguntas. Usa oraciones completas.

Last name _Montes_   **First name** _Francisco_   **Middle initial** _N._
Street address _2342 6th Ave._ **City** _Redwood City_ **State** _CA_
Zip code _95014_   **Telephone number** _650-555-1234_
Job _construction worker_ **Date of birth** _8/3/87_
Birthplace _Moralia, Mexico_

1. What is Francisco's last name?   His last name is Montes.

2. What is Francisco's street address? _____

3. What is Francisco's job? _____

4. What is Francisco's date of birth? _____

5. What is Francisco's birthplace? _____

6. What is Francisco's area code? _____

7. What is Francisco's zip code? _____

8. When is Francisco's birthday? _____

2.5 Sustantivos posesivos

Supón que debes dar información personal de otra persona. Para hacerlo, debes usar los *sustantivos posesivos*. Lee esta conversación.

What is Jose's date of birth?
(¿Cuál es la fecha de nacimiento de José?)

His date of birth is September 15, 2009.
(Su fecha de nacimiento es el 15 de septiembre, 2009.)

▶ En esta conversación, el sustantivo posesivo es **Jose's**. Los sustantivos posesivos se usan para hablar sobre algo que pertenece o corresponde a otra persona.

▶ También podrías haber respondido:

Jose's date of birth is September 15, 2009

Receta de gramática: Para formar un sustantivo posesivo:

▶ Si el poseedor es singular escribe **'s** después del nombre del poseedor, seguido de lo que se posee. (Por ejemplo, **Susan's car**.)

Aquí hay algunos ejemplos:

Inglés	Español
Laura's telephone number is 643-434-0342.	El número de teléfono de Laura es 643-434-0342.
My daughter's birthday is May 2.	El cumpleaños de mi hija es el 2 de mayo.
Juan's sofa is new.	El sofá de Juan es nuevo.
Lisa's job is difficult.	El trabajo de Lisa es difícil.
The teacher's car is broken.	El carro de la maestra está roto.

2.5.a Actividades: Una de las frases en cada línea no es correcta. Tacha la frase incorrecta.

1a. ~~The book of Lucy~~	1b. Lucy's book
2a. Anna's house	2b. The house of Anna
3a. Lisa's car	3b. The car of Lisa
4a. Chris' backpack	4b. The backpack of Chris
5a. The doctor of Mrs. Wilson	5b. Mrs. Wilson's doctor
6a. The dog of Martin	6b. Martin's dog
7a. Edgar's girlfriend	7b. Edgar girlfriend
8a. The teacher of Antonio	8b. Antonio's teacher

2.5.b Actividades: Vuelve a escribir cada oración de la manera correcta.

1. The book of Antonio is interesting.   Antonio's book is interesting.

2. The car of Rodolfo is broken.

3. The house of Jackie is on Union Street.

4. The shoes of Alba are from Mexico.

5. The bedroom of Sandra is very clean.

6. The cousin of Juana is handsome.

7. The father of Pedro is sick.

8. The class of Barbara is interesting.

2.5.c Actividades: Lee la historia. Luego escribe **T** si la oración es **True** (verdadera) y **F** si la oración es **False** (falsa).

Ana has one sister and one brother. Ana's sister is 23 years old. Her name is Emily. Emily is an artist. Emily's husband is Mario. Mario is an engineer. Ana's brother is 18 years old. His name is Porfirio. Porfirio isn't married. But he has a dog. Porfirio's dog is very big and very noisy (*ruidoso*). He also has a cat. Porfirio's cat is very quiet (*silencioso*).

1. Ana's sister is Annette.   F
2. Ana's sister is 18 years old. _____
3. Ana's brother is Porfirio. _____

4. Porfirio is married. _____
5. Porfirio's dog is big. _____
6. Porfirio's cat is noisy. _____

2.5.d Actividades: Traduce estas oraciones.

1. La casa de Ana es bonita.   Ana's house is beautiful.

2. El carro de Ernesto es azul.

3. El vestido de Emily es caro.

4. La niña de Mónica tiene ocho años.

5. La prima de Eva es enfermera.

6. El padre de Nick está en el trabajo.

2.6   Preguntas con interrogativos vs. preguntas cerradas

En este libro, vemos dos tipos de preguntas: preguntas cerradas (permiten responder sólo SÍ o NO) y preguntas con interrogativos.

Observa lo siguiente:

► La primera pregunta es una pregunta cerrada y la respuesta es **yes** o **no.**

► La segunda pregunta es una pregunta con interrogativo, lo cual significa que comienza con un interrogativo, que en este caso es **where.**

Receta de gramática: Cómo distinguir preguntas cerradas de preguntas con interrogativos:

► Las preguntas cerradas por lo general comienzan con una forma del verbo **to be** (**is** o **are**), seguido de un sustantivo o un pronombre.

► Las preguntas con interrogativos por lo general comienzan con un interrogativo, como **where** (dónde), **when** (cuándo), **what** (qué o cuál) o **what time** (qué hora o a qué hora).

Para ayudarte a entender las diferencias entre estos tipos de preguntas y cómo responder a ellas, estudia estos gráficos.

Preguntas cerradas	Respuestas
Are you tired? (¿Estás cansado?) (¿Estás cansada?)	**Yes, I am.** (Sí.) **No, I'm not. No, I am not.** (No.)
Is your sister a nurse? (¿Tu hermana es enfermera?)	**Yes, she is.** (Sí.) **No, she isn't. No, she is not.** (No.)
Are your parents at work? (¿Tus padres están en el trabajo?)	**Yes, they are.** (Sí.) **No, they aren't. No, they are not.** (No.)

Preguntas con interrogativos	Respuestas
What is your name? (¿Cuál es tu nombre?)	**My name is Raoul Parks.** (Mi nombre es Raoul Parks.)
When is your birthday (¿Cuándo es tu cumpleaños?)	**My birthday is May 2.** (Mi cumpleaños es el dos de mayo.)
How old are you? (¿Cuántos años tienes?)	**I am 24 years old.** (Tengo 24 años.)
Where is your book? (¿Dónde está tu libro?)	**It is on the table.** (Está en la mesa.)

2.6.a Actividades: Subraya la respuesta correcta.

1. **What time is the movie?** 1a. <u>It is at 6:30.</u> 1b. It is in Redwood City.

2. **Is your teacher at school?** 2a. She is a teacher. 2b. No, she isn't.

3. **When is your class?** 3a. It is on Mondays. 3b. It is at Hoover School.

4. **Is Juana a nurse?** 4a. No, she isn't. 4b. She is at work.

5. **Where is your soccer game?** 5a. It is on Mondays. 5b. It is at our school.

6. **When is your appointment?** 6a. It is on Thursday. 6b. It is at Blaine School.

7. **Where is the supermarket?** 7a. It is on Beacon Street. 7b. Yes, it is.

8. **What time is your meeting?** 8a. It is at 2:00. 8b. Yes, it is.

2.6.b Actividades: Lee la conversación por celular entre un hombre, Julio, y su esposa, Ana. Luego responde las preguntas. Usa oraciones completas.

Julio: Where are you?

Ana: I am at home.

Julio: Where is Peter?

Ana: He is at work.

Julio: What time is Peter's appointment?

Ana: It is at 8:00.

Julio: Where is Soledad?

Ana: She is at Myra's house.

Julio: Where is Sebastian?

Ana: He is at the park.

Julio: Are you alone (*sola*)?

Ana: No, I'm not. I have company (*compañía*).

Julio: Who? (*¿Quién?*)

Ana: My friend, Louisa.

1. Where is Ana? She is at home.

2. Is Peter at home? _____

3. What time is Peter's appointment? _____

4. Is Soledad at Myra's house? _____

5. Where is Sebastian? _____

6. Is Ana alone? _____

7. Is Louisa Ana's mother? _____

8. Is Julio at home? _____

📖 Resumen del capítulo 2

Las preposiciones de tiempo

Las *preposiciones de tiempo* se usan para indicar cuándo se llevan a cabo eventos.

Preposiciones de tiempo	Ejemplo	Traducción en español
Usa **on** antes de los días de la semana	**on Monday**	el lunes
Usa **on** antes de las fechas	**on February 22**	el 22 de febrero
Usa **in** antes de los meses y los años	**in March** **in 2010**	en Marzo en 2010
Usa **in** antes de la mayoría de las horas del día	**in the morning** **in the afternoon** **in the evening**	de la mañana, por la mañana, de la tarde, por la tarde
Usa **at** antes de **night**	**at night**	de la noche, por la noche
Usa **at** antes de la hora	**at 6:00**	a las seis

Las fechas

Las fechas en inglés se pueden escribir de las siguientes maneras:

August 2, 2010	**Aug. 2, 2010**	**8-2-2010**	**8/2/2010**

Las preguntas con interrogativos

Las preguntas con interrogativos y el verbo **to be** tienen la siguiente estructura:

Interrogativo	Verbo **to be**	Resto de la oración	Traducción en español
What time	**is**	**your appointment?**	¿A qué hora es tu cita?
When	**is**	**your appointment?**	¿Cuándo es tu cita?
What	**is**	**your name?**	¿Cuál es tu nombre? ¿Cómo te llamas?

Sustantivos posesivos

Los *sustantivos posesivos* se usan para hablar sobre algo que pertenece o corresponde a otra persona. Para formar un sustantivo posesivo:

► Si el poseedor es singular y no termina en **s**, escribe **'s** después del nombre del poseedor, seguido de lo que se posee. (Por ejemplo, **Susan's car**.)

¡Más ejercicios!

P2.a Actividades: Responde cada pregunta. No es necesario que escribas la oración completa.

1. What month is after July?   August
2. What month is before July?
3. What day is before Sunday?
4. What day is after Sunday?
5. What year is before 2011?
6. What month is before December?
7. What month is before May?
8. What day is after Thursday?
9. What day is between Thursday and Saturday?
10. What year is after 2013?

P2.b Actividades: Completa cada oración con **on, in** o **at**.

1. The meeting is ___on___ Thursday ___at___ 8:00 a.m.
2. Your shoes are _____ the bedroom.
3. The class is _____ 8:00 _____ Brower Adult School.
4. The party is _____ Tortilla Flat restaurant.
5. I am tired _____ the afternoon.
6. My meeting is _____ San Francisco.
7. My keys are _____ home _____ the kitchen.
8. My appointment is _____ Thursday.
9. I am _____ work.
10. My appointment with Dr. Jackson is _____ 6:30 _____ Friday.
11. My birthday is _____ September.
12. My class is _____ Wednesday _____ the afternoon.

P2.c Actividades: Completa cada oración con **from, to** o **at**.

1. My meeting is ___from___ 8:45 ___to___ 10:00.
2. Her break is from 10:00 _____ 10:30.
3. My math class is _____ 6:30.
4. Their appointment is _____ 7:30 _____ 8:00.
5. Your break is _____ 11:30 _____ 12:00.
6. Lilia's party is _____ 9:00.

P2.d Actividades: Ordena las palabras para formar una pregunta. No te olvides de terminar cada pregunta con un signo de interrogación (?).

1. apartment / your / is / Where _Where _____ is _____ your _____ apartment?_

2. When / your / is / meeting _____ _____ _____ _____

3. party / What time / the / is _____ _____ _____ _____

4. sister / Where / your / is _____ _____ _____ _____

5. When / class / Juan's / is _____ _____ _____ _____

6. house / is / Where / Jose's _____ _____ _____ _____

7. is / your / What / job _____ _____ _____ _____

8. What / date of birth / is / her _____ _____ _____ _____

P2.e Actividades: Observa la tarjeta de identificación. Luego responde las preguntas. Usa oraciones completas.

Last name _Ramírez_ **First name** _Gabriela_ **Middle initial** _S._
Street address _11 West Ave._ **City** _Brooklyn_ **State** _NY_
Zip code _10011_ **Telephone number** _212-555-4564_
job _secretary_ **Date of birth** _2/1/82_
birthplace _San Salvador, El Salvador_

1. What is Gabriela's last name? _____ Her last name is Ramirez. _____

2. What is Gabriela's area code? _____

3. Is Gabriela a teacher? _____

4. What is Gabriela's date of birth? _____

5. What is Gabriela's birthplace? _____

6. Is Gabriela's birthday January 2? _____

P2.f Actividades: Vuelve a escribir cada oración de la manera correcta.

1. The house of Lana is new. _____ Lana's house is new. _____

2. The cell phone of Ken is broken. _____

3. The microwave of Adam is old. _____

4. The brother of Claudia is handsome. _____

5. The bedroom of Betty is very big. _____

6. The car of Laura is expensive. _____

7. The teacher of Maribel is interesting. _____

8. The son of Eva is sick. _____

9. The cousin of Chris is divorced. _____

10. The dress of Ariana is beautiful. _____

P2.g Actividades: Lee la historia. Luego responde las preguntas. Usa oraciones completas. cuando se pueda, usa contracciones.

It is Tuesday. Jana Aguilar is not at work. She is at home. She is sick. She also is very tired. She has an appointment at 9:00 at the clinic. Jana's doctor is Dr. Johnson. Dr. Johnson examines Jana. He says (*dice*), "Jana, you have the flu." (*la gripe*).

1. What day is it?   It's Tuesday.

2. What is Jana's last name?

3. Is Jana at work?

4. What time is Jana's appointment?

5. Where is Jana's appointment?

6. Is Jana sick?

P2.h Actividades: Una de las opciones en cada línea no es correcta. Tacha la opción incorrecta.

1a. ~~3/1-2007~~	1b. 3/1/2007
2a. June 22, 2009	2b. June 22 2009
3a. 2-15/2010	3b. 2-15-2010
4a. Dec 26, 2012	4b. Dec. 26, 2012
5a. February 3 1989	5b. February 3, 1989
6a. at morning	6b. in the morning
7a. in the afternoon	7b. at the afternoon
8a. at night	8b. at the night
9a. at 7:30	9b. in 7:30
10a. at the Chavez Restaurant	10b. at Chavez Restaurant
11a. at home	11b. at the home
12a. at the Ling Pharmacy (*farmacia*)	12b. at Ling Pharmacy
13a. on Monday	13b. the Monday
14a. from 9:00 to 5:00	14b. from 9:00 a 5:00

P2.i Actividades: Traduce estas oraciones.

1. La hermana de Pablo es bonita.   Pablo's sister is beautiful.

2. El carro de Ángel es azul.

3. La clase es a las nueve.

4. Las llaves están en la cocina.

5. Estoy en Los Ángeles.

6. Estamos en la casa de Bruno.

7. Mi cita es el lunes.

8. Mi cumpleaños es en julio.

9. Tu descanso es de las diez a las diez y media.

10. Tu mochila está en la oficina.

Capítulo 3

There is a pizza in the oven.

(Hay una pizza en el horno.)

Al conversar con alguien, con frecuencia tienes que brindar información. Por ejemplo, si eres cocinero, tal vez necesites decirle a tu jefe que hay un problema en la cocina. O tal vez debas decirles a tus compañeros en la clase de inglés que hay más libros de texto en el armario. En estos casos, es común usar las expresiones **there is** (hay) y **there are** (hay).

Al finalizar este capítulo, podrás:

- Usar **there is** y **there are** para describir el estado actual de las cosas
- Hacer y responder preguntas con el uso de **there is** y **there are**

En las conversaciones de todos los días, es muy común usar las expresiones **there is** (hay) y **there are** (hay) para describir el estado actual de las cosas. Mira este ejemplo:

Observa que, en español, se usa **hay** para hablar de un sustantivo singular o un sustantivo plural. En inglés, se usa **there is** para hablar de un sustantivo singular y **there are** para hablar de un sustantivo plural. Por lo tanto, se dice:

▶ **There is** a pizza in the oven. (Hay una pizza en el horno.)

porque hay sólo una pizza. Pero se dice:

▶ **There are** drinks in the refrigerador. (Hay bebidas en el refrigerador.)

porque hay más de un refresco.

Cuidado: **There** en realidad tiene dos significados diferentes. Significa hay. También significa ahí, allí, allá, para decir por ejemplo **The book is there.** (El libro está allá.)

Las oraciones con **there is** y **there are** tienen la siguiente estructura:

There	is o are	Resto de la oración	Traducción en español
There	is	a pizza in the oven.	Hay una pizza en el horno.
There	are	pizzas in the oven.	Hay pizzas en el horno.

Al hablar de un sustantivo singular, se debe incluir a o an. Por ejemplo,

▶ There is **a** chair in the office. (Hay una silla en la oficina.)

No es correcto decir:

▶ ~~There is chair~~ in the office.

Al hablar de más de un objeto, no se usa **a** o **an**. Las siguientes oraciones son correctas.

▶ There are chairs in the office. (Hay sillas en la oficina.)
▶ There are three chairs in the office. (Hay tres sillas en la oficina.)

Estas oraciones no son correctas:

▶ ~~There are chair~~ in the office.
▶ ~~There are a chair~~ in the office.

3.1.a Actividades: Completa cada oración con **There is** o **There are**.

1. ___There is___ a backpack on the table.
2. _____ a cook in the kitchen.
3. _____ six chairs in their living room.
4. _____ children in the classroom (*aula*).
5. _____ a school next to my house.
6. _____ a television in front of the couch.

3.1.b Actividades: Una de las oraciones en cada línea no es correcta. Tacha la oración incorrecta.

1a. There is a fly (*mosca*) in your soup.	1b. ~~There are a fly in your soup.~~
2a. There are students from Peru in my class.	2b. There is students from Peru in my class.
3a. There is a toy on the chair.	3b. There are a toy on the chair.
4a. There are a dogs in the garden.	4b. There are dogs in the garden.
5a. There are a six children at the park.	5b. There are six children at the park.
6a. There are a TV in the kitchen.	6b. There is a TV in the kitchen.
7a. There are two sofas in the living room.	7b. There is two sofas in the living room.
8a. There is an end table next to the couch.	8b. There is end table next to the couch.

3.1.c Actividades: Cambia el sujeto de la oración de singular a plural. No te olvides de también cambiar el verbo.

1. There is a dog in the living room.   ___There are dogs in the living room.___

2. There is a cat in the kitchen.   _____

3. There is an eraser in my backpack.   _____

4. There is a table in my bedroom.   _____

5. There is a chair in front of the sofa.   _____

6. There is a sock on the floor.   _____

7. There is a pizza in the oven.   _____

8. There is a backpack next to the TV.   _____

3.1.d Actividades: Traduce las siguientes oraciones.

1. Hay un perro en el baño.   ___There is a dog in the bathroom.___

2. Hay dos baños en la casa.   _____

3. Hay zapatos debajo de la cama.   _____

4. Hay tres lápices en la mesa.   _____

5. Hay una mochila al lado de la puerta.   _____

3.2 *There + Is = There's*

En inglés, frecuentemente se usan contracciones para acortar lo que uno quiere decir. La contracción para **there** y **is** es **there's**. Ten en cuenta que **there is** y **there's** significan lo mismo. Estudia estos ejemplos:

Oraciones sin contracciones	Oraciones con contracciones	Traducción en español
There is a pizza on the table.	**There's a pizza on the table.**	Hay una pizza en la mesa.
There is a car next to your house.	**There's a car next to your house.**	Hay un carro al lado de tu casa.

No existe una contracción que una **there** con **are**. Por lo tanto, esta oración no es correcta:

▸ ~~There're two chairs~~ in my kitchen.

There vs. They

Mucha gente confunde **they** con **there**. A pesar de que estas palabras suenan parecidas, se pronuncian distinto (**They** se pronuncia déi y **there** se pronuncia der.). Recuerda que **they** quiere decir ellos o ellas y que **there** seguido de **is** o **are** quiere decir hay. Esta oración es correcta:

▸ There are cookies in the kitchen. (Hay galletas en la cocina.)

Esta oración no tiene sentido.

▸ ~~They are cookies~~ in the kitchen.

Aquí hay más ejemplos:

Oración correcta	Oración incorrecta
There are dogs in the park. (Hay perros en el parque.)	~~They are dogs in the park.~~
They are from Chile. (Ellos son de Chile.)	~~There are from Chile.~~

There vs. They're

En inglés, es común que dos palabras tengan la misma pronunciación pero que se escriban distinto y tengan distinto significado. Estas palabras se llaman *homónimos*. **There** y **they're** son homónimos, es decir que se pronuncian igual pero tienen distinto significado. Observa el siguiente cuadro.

Inglés	Español	Ejemplo
there	hay	**There is a TV in our living room.** (Hay un televisor en nuestra sala.)
they're	ellos son, ellos están, ellas son, ellas están	**They're married.** (Ellos están casados.)

3.2.a Actividades: Vuelve a escribir cada oración usando una contracción. Si no existe la contracción, escribe **No contraction.**

1. There is a towel in the bathroom.   There's a towel in the bathroom.

2. There are 26 students in my class.   No contraction.

3. There is an orange in the kitchen.

4. There is a cat in that classroom.

5. There are backpacks next to the window.

6. There are two eggs on the counter.

7. There is a restaurant next to my school.

8. There is a ball on the floor.

3.2.b Actividades: Completa cada oración con **There** o **They**.

1. They _____ are from Nicaragua.

2. _____ are lamps in my bedroom.

3. _____ are two pencils in my backpack.

4. _____ are not at school.

5. _____ are 22 years old.

6. _____ are many (*muchas*) people in the park today (*hoy*).

3.2.c Actividades: Completa cada oración con **There are** o **They're**.

1. They're _____ from Oregon.

2. _____ peaches on the table.

3. _____ shoes on the bed.

4. _____ my friends.

5. _____ at work now.

6. _____ many people at the meeting.

3.2.d Actividades: Una de las oraciones en cada línea no es correcta. Tacha la oración incorrecta.

1a. There are dogs in the kitchen.   1b. ~~There're dogs in the kitchen.~~
2a. There're students from China in my class.   2b. There are students from China in my class.
3a. There are notebooks on the table.   3b. There're notebooks on the table.
4a. There's a microwave in the kitchen.   4b. Theres a microwave in the kitchen.
5a. They is a dresser in the living room.   5b. There is a dresser in the living room.
6a. They are two beds in the bedroom.   6b. There are two beds in the bedroom.
7a. There is a dog under the table.   7b. They are a dog under the table.

Oraciones negativas: *There isn't* y *There aren't*

Ahora que ya sabes acerca de las oraciones afirmativas con **there is** y **there are**, estás listo para crear oraciones negativas. Para formar una oración negativa a partir de una oración que incluye **there is**:

▶ cambia **there is** a **there is not** o **there isn't**.

Para formar una oración negativa a partir de una oración que incluye **there are**

▶ cambia **there are** a **there are not** o **there aren't**.

Aquí hay algunos ejemplos de oraciones afirmativas y negativas.

	Oraciones afirmativas	Oraciones negativas
Singular	**There is a pencil on the table.** **There's a pencil on the table.** (Hay un lápiz en la mesa.)	**There is not a pencil on the table.** **There isn't a pencil on the table.** (No hay un lápiz en la mesa.)
Plural	**There are pencils on the table.** (Hay lápices en la mesa.)	**There are not pencils on the table.** **There aren't pencils on the table.** (No hay lápices en la mesa.)

Estudia estos artículos de ropa. Usarás estas palabras para hacer los ejercicios en la próxima página.

shirt (camisa)   **blouse** (blusa)   **hat** (sombrero)

dress (vestido)   **shoes** (zapatos)   **jacket** (chaqueta)

pants* (pantalones)   **socks** (calcetines)   **coat** (abrigo)

***Pants** (pantalones) es siempre plural. Por lo tanto, aunque tengas un solo pantalón, se dice:

My pants are new. (Mis pantalones son nuevos.)

3.3.a Actividades: Cambia cada oración de afirmativa a negativa. Cuando se pueda, usa contracciones.

1. There is a hat on the sofa.   There isn't a hat on the sofa.

2. There is a sock on the floor.   _____

3. There is a jacket in the living room. _____

4. There is a coat next to the chair.   _____

5. There are eggs in the kitchen.   _____

6. There are shoes on the floor.   _____

7. There are lamps in our bedroom.   _____

8. There are pants in the dresser.   _____

3.3.b Actividades: Observa la imagen. Luego escribe seis oraciones afirmativas acerca de lo que hay sobre la cama. Cuando se pueda, usa contracciones.

1. There's a hat on the bed.

2. _____

3. _____

4. _____

5. _____

6. _____

3.3.c Actividades: Traduce las siguientes oraciones. Cuando se pueda, usa contracciones.

1. No hay un abrigo en el piso.   There isn't a coat on the floor.

2. No hay chaquetas en el sofá.   _____

3. No hay un hombre delante de la escuela. _____

4. No hay borradores en mi mochila.   _____

5. No hay estudiantes en la playa.   _____

Ya sabes cómo usar **there is** y **there are** en oraciones afirmativas y negativas. Estás listo para usar **there is** y **there are** para hacer preguntas.

Receta de gramática

▸ Para hacer una pregunta con el fin de determinar si existe una cosa, empieza la pregunta con **Is there**.

▸ Para hacer una pregunta con el fin de determinar si existe más de una cosa, empieza la pregunta con **Are there**.

El siguiente cuadro muestra la diferencia entre oraciones y preguntas. Observa que las oraciones comienzan con **There is** o **There are** y las preguntas comienzan con **Is there** o **Are there**.

Oraciones	Preguntas
There is a sock on the floor. **There's a sock on the floor.** (Hay un calcetín en el piso.)	**Is there a sock on the floor?** (¿Hay un calcetín en el piso?)
There are socks on the floor. (Hay calcetines en el piso.)	**Are there socks on the floor?** (¿Hay calcetines en el piso?)

Fíjate que, en el ejemplo de arriba, se debe incluir **a** antes de **sock** porque se habla de un calcetín. Si se habla de más de un calcetín, no se debe incluir **a**.

Los sustantivos contables (o discontinuos) y los sustantivos no contables (o continuos)

La mayoría de los sustantivos son **count nouns** (*sustantivos contables*), porque pueden ser contados con facilidad. Por ejemplo, es fácil contar una manzana, dos manzanas, etc. Un **noncount noun** (*sustantivo no contable*) es un sustantivo que no puede contarse con facilidad. Los sustantivos no contables son singulares pero no están precedidos de **a** o **an**. **Rice** es un sustantivo no contable. Así que se dice:

▸ There isn't rice. (No hay arroz.)

No se dice:

▸ ~~There isn't a rice.~~ ~~(No hay un arroz.)~~

A continuación hay varios ejemplos de comidas que son sustantivos no contables.

bread (pan)	**rice** (arroz)	**fruit** (fruta)	**meat** (carne)
ice cream (helado)	**milk** (leche)	**juice** (jugo)	**cheese** (queso)

3.4.a Actividades: En la primera columna, escribe **Q** si la oración es una **question** (pregunta) y **S** si la oración es un **statement** (declaración). En la segunda columna, escribe un punto (**.**) o un signo de interrogación (**?**).

	Is this sentence a *question* or a *statement*?	Punctuation
1. Is there a book on the table	1a. __Q__	1b. _?_
2. There is a book on the table	2a. _____	2b. _____
3. Is there a microwave in your kitchen	3a. _____	3b. _____
4. There's a microwave in my kitchen	4a. _____	4b. _____
5. There are apples in the refrigerator	5a. _____	5b. _____
6. Are there apples in the refrigerator	6a. _____	6b. _____

3.4.b Actividades: Cambia cada una de las oraciones para que sean preguntas.

1. There is a dog in the living room.   Is there a dog in the living room?

2. There are dogs in the living room.   _____

3. There is rice on the table.   _____

4. There are maps in your classroom.   _____

5. There is meat in the microwave.   _____

6. There is cheese on the table.   _____

7. There are students in the classroom.   _____

3.4.c Actividades: Una de las oraciones en cada línea no es correcta. Tacha la oración incorrecta.

1a. There is cheese on the table.   1b. ~~There is a cheese on the table.~~
2a. Is there a meat in the oven?   2b. Is there meat in the oven?
3a. There is a rice on the floor.   3b. There is rice on the floor.
4a. There are a students from China in my class. 4b. There are students from China in my class.
5a. Is there a doctor here?   5b. Is there a doctor here.
6a. There are a dogs at the park.   6b. There are dogs at the park.

3.4.d Actividades: Escribe **count** o **noncount** al lado de cada sustantivo.

1. rice __noncount__   6. microwave _____
2. bread _____   7. milk _____
3. book _____   8. couch _____
4. pencil _____   9. dress _____
5. cheese _____   10. money _____

3.5　Responder preguntas con *Is there* y *Are there*

En la sección anterior aprendiste a hacer preguntas que comienzan con **Is there** y **Are there**. Estas preguntas se llaman *preguntas cerradas* porque la respuesta por lo general comienza con **yes** o **no.**

Observa que, en la conversación de arriba, también podría haber respuestas largas. Por ejemplo, las respuestas podrían ser:

► Yes, there is a pizza in the oven./ Yes, there's a pizza in the oven.

► No, there are not drinks in the refrigerator./No, there aren't drinks in the refrigerator.

Este cuadro resume cómo responder preguntas con **is there** y **are there** con respuestas cortas.

Preguntas cerradas con Is there y Are there	
Is there a sock on the floor? (¿Hay un calcetín en el piso?)	**Are there socks on the floor?** (¿Hay calcetines en el piso?)
Yes, there is. (Sí, hay.) **No, there is not.** (No, no hay.) **No, there isn't.** (No, no hay.)	**Yes, there are.** (Sí, hay.) **No, there are not.** (No, no hay.) **No, there aren't.** (No, no hay.)

Observa que se puede usar una contracción para una respuesta corta negativa. Por lo tanto, se puede decir:

► No, there isn't. (No, no hay.)

► No, there aren't. (No, no hay.)

No se puede usar una contracción en una respuesta corta afirmativa.

► ~~Yes, there's.~~

► ~~Yes, there're.~~

3.5.a Actividades: Observa la imagen a continuación. Primero responde cada pregunta con una respuesta larga. Cuando se pueda, usa contracciones. Luego, usa una de las siguientes respuestas cortas:

Yes, there is.   Yes, there are.

No, there isn't.   No, there aren't.

1. Is there cheese on the table?

   1a. ___Yes, there's cheese on the table.___

   1b. ___Yes, there is.___

2. Is there a dog under the table?

   2a. _____

   2b. _____

3. Are there shoes on the table?

   3a. _____

   3b. _____

4. Is there a broom *(escoba)* in front of the table?

   4a. _____

   4b. _____

5. Is there a ball in front of the dog?

   5a. _____

   5b. _____

3.5.b Actividades: Sólo una de las respuestas a cada pregunta es gramaticalmente correcta. Subraya la respuesta correcta.

1. Is there a pen in your backpack?
   a. <u>Yes, there is.</u>   b. Yes, there are.

2. Are there pencils in your backpack?
   a. Yes, there is.   b. Yes, there are.

3. Are there students from Peru in your class?
   a. No, there isn't.   b. No, there aren't.

4. Is there a priest *(sacerdote)* at church?
   a. Yes, there is.   b. Yes, there are.

5. Are there doctors at the hospital?
   a. No, there are.   b. No, there aren't.

6. Is there a pizza in the oven?
   a . No, there aren't.   b. No, there isn't.

7. Are there many children at the party?
   a. Yes, there're.   b. Yes, there are.

8. Is there a shoe under the table?
   a. Yes, there's.   b. Yes, there is.

Más acerca de las preguntas cerradas

La respuesta a una pregunta cerrada es **yes** o **no**. Pero lo que digas después de **yes** o **no** dependerá de la pregunta. Mira estos ejemplos.

La clave para responder preguntas cerradas correctamente es prestar atención a las primeras palabras de la pregunta.

► En el primer ejemplo de arriba, la pregunta comienza con **Are there**, así que se debe incluir **there are** en la respuesta.

► En el segundo ejemplo de arriba, la pregunta comienza con una forma del verbo **to be** seguida de un sustantivo o pronombre, así que la respuesta debe incluir una forma del verbo **to be** precedida de un sustantivo o pronombre.

Aquí hay más ejemplos:

Preguntas que comienzan con **Is there** o **Are there**	Preguntas que comienzan con **Is** o **Are** seguidas de un sustantivo o pronombre
<u>**Is there**</u> **a school next to your house?** (¿Hay una escuela al lado de tu casa?) **Yes, there is.** (Sí.) **No, there isn't.** (No, no hay.) **No, there is not.** (No, no hay.)	<u>**Is**</u> **the school next to your house?** (¿La escuela está al lado de tu casa?) **Yes, it is.** (Sí.) **No, it isn't.** (No.) **No, it is not.** (No.)
<u>**Is there**</u> **a book on the table?** (¿Hay un libro en la mesa?) **Yes, there is.** (Sí.) **No, there isn't.** (No, no hay.) **No, there is not.** (No, no hay.)	<u>**Is**</u> **your book on the table?** (¿Tu libro está en la mesa?) **Yes, it is.** (Sí.) **No, it isn't.** (No.) **No, it is not.** (No.)
<u>**Are there**</u> **pizzas in the oven?** (¿Hay pizzas en el horno?) **Yes, there are.** (Sí.) **No, there aren't.** (No, no hay.) **No, there are not.** (No, no hay.)	<u>**Are**</u> **the pizzas in the oven?** (¿Las pizzas están en el horno?) **Yes, they are.** (Sí.) **No, they aren't.** (No.) **No, they are not.** (No.)

Para más información sobre cómo responder preguntas cerradas que comienzan con el verbo **to be**, dirígete a *Gramática del inglés: Paso a paso 1*.

3.6.a Actividades: Sólo una de las respuestas a cada pregunta es gramaticalmente correcta. Subraya la respuesta correcta.

1. **Are your parents in the United States?**

   1a. <u>Yes, they are.</u>   1b. Yes, there are.   1c. Yes, they're.

2. **Are you married?**

   2a. Yes, I'm.   2b. Yes, there is.   2c. Yes, I am.

3. **Are your friends at the park?**

   3a. Yes, there aren't.   3b. No, they aren't.   3c. No, they not.

4. **Is there cheese in the refrigerator?**

   4a. No, there isn't.   4b. No, it isn't.   4c. No, there is no.

5. **Are there students from Africa in your class?**

   5a. Yes, they are.   5b. Yes, there are.   5c. Yes, there is.

6. **Is Bernardo a good husband?**

   6a. Yes, he is.   6b. Yes, they are.   6c. No, they aren't.

7. **Are there shoes under the dresser?**

   7a. Yes, they are.   7b. Yes, there is.   7c. Yes, there are.

8. **Are the students hardworking?**

   8a. No, there aren't.   8b. No, they aren't.   8c. No, they are.

3.6.b Actividades: Lee el párrafo a continuación. Luego responde las preguntas. Usa oraciones completas.

Nina and Gaby are sisters. They are from El Salvador. Nina is a student. She is 21 years old. Gaby is a nurse. She is 24 years old. Nina and Gaby are single. They have an apartment. They are very happy in their apartment. There are three rooms in their apartment. The living room is big. There is a couch, two end tables, a TV, a lamp and two chairs. The bedroom is very small. There is only one bed and one small dresser. The kitchen is perfect. It has a microwave, a good stove and a big refrigerator.

1. Is Nina married?   No, she isn't.

2. Is Gaby single?

3. What is Gaby's job?

4. Is Nina a student?

5. Where are they from?

6. Are there three rooms in their apartment?

7. Is the living room small?

8. Are there four chairs in the living room?

9. Are there two beds in the bedroom?

10. Are they happy in their apartment?

📖 *Resumen del capítulo 3*

Las oraciones afirmativas y negativas con **there is** y **there are** tienen la siguiente estructura:

	Affirmative statements	**Negative statements**
Singular	**There is a pencil on the table. There's a pencil on the table.** (Hay un lápiz en la mesa.)	**There is not a pencil on the table. There isn't a pencil on the table.** (No hay un lápiz en la mesa.)
Plural	**There are pencils on the table.** (Hay lápices en la mesa.)	**There are not pencils on the table. There aren't pencils on the table.** (No hay lápices en la mesa.)

Las preguntas con **is there** y **are there** y sus respuestas tienen la siguiente estructura:

Preguntas cerradas con Is there y Are there	
Is there a sock on the floor? (¿Hay un calcetín en el piso?) **Yes, there is.** (Sí, hay.) **No, there is not.** (No, no hay.) **No, there isn't.** (No, no hay.)	**Are there socks on the floor?** (¿Hay calcetines en el piso?) **Yes, there are.** (Sí, hay.) **No, there are not.** (No, no hay.) **No, there aren't.** (No, no hay.)

El siguiente cuadro muestra cómo responder preguntas cerradas que comienzan con **Is there** y **Are there**, y preguntas cerradas que comienzan con el verbo **to be**.

Preguntas que comienzan con Is there o Are there	**Preguntas que comienzan con Is o Are seguidas de un sustantivo o pronombre**
Is there a school next to your house? (¿Hay una escuela al lado de tu casa?) **Yes, there is.** (Sí.) **No, there isn't.** (No, no hay.) **No, there is not.** (No, no hay.)	**Is the school next to your house?** (¿La escuela está al lado de tu casa?) **Yes, it is.** (Sí.) **No, it isn't.** (No.) **No, it is not.** (No.)
Is there a book on the table? (¿Hay un libro en la mesa?) **Yes, there is.** (Sí.) **No, there isn't.** (No, no hay.) **No, there is not.** (No, no hay.)	**Is your book on the table?** (¿Tu libro está en la mesa?) **Yes, it is.** (Sí.) **No, it isn't.** (No.) **No, it is not.** (No.)
Are there pizzas in the oven? (¿Hay pizzas en el horno?) **Yes, there are.** (Sí.) **No, there aren't.** (No, no hay.) **No, there are not.** (No, no hay.)	**Are the pizzas in the oven?** (¿Las pizzas están en el horno?) **Yes, they are.** (Sí.) **No, they aren't.** (No.) **No, they are not.** (No.)

Los sustantivos contables (o discontinuos) y los sustantivos no contables (o continuos)

Los sustantivos contables son sustantivos que pueden ser contados con facilidad. Los sustantivos no contables son sustantivos que son singulares pero que no pueden estar precedidos de **a** o **an**. Por ejemplo, se dice:

► **There isn't rice.** (No hay arroz.)

No se dice:

► ~~There isn't a rice. (No hay un arroz.)~~

¡Más ejercicios!

P3.a Actividades: Completa cada oración con **There is** o **There are**.

1. There is _____ a meeting at the school.

2. _____ a party at Michele's house.

3. _____ many children at the park.

4. _____ six students from Haiti in my class.

5. _____ a restaurant next to my house.

6. _____ a sock under the couch.

P3.b Actividades: Completa cada oración con **There** o **They're**.

1. They're _____ at my sister's house.

2. _____ are pencils in your backpack.

3. _____ are many students from Mexico in my class.

4. _____ in the classroom.

5. _____ is a park across from her apartment.

6. _____ is cheese in the refrigerator.

P3.c Actividades: Completa cada oración con **There** o **They**.

1. They _____ are at work.

2. _____ are many people at the park.

3. _____ are my friends.

4. _____ are eggs in the refrigerador.

5. _____ are six years old.

6. _____ are plates (*platos*) in the sink.

P3.d Actividades: En la primera columna, escribe **Q** si la oración es una **question** (pregunta) y **S** si la oración es un **statement** (declaración). En la segunda columna, escribe un punto (**.**) o un signo de interrogación (**?**).

	Is this sentence a question or a statement?	Punctuation
1. Is there a cat under the sofa	1a. Q	1b. ?
2. Is there a park next to your house	2a.	2b.
3. There are four chairs in the kitchen	3a.	3b.
4. Is your house near your school	4a.	4b.
5. Is there a student from El Salvador in your class	5a.	5b.
6. Your brother is at my house now	6a.	6b.
7. Is there a backpack in your car	7a.	7b.

P3.e Actividades: Lee el párrafo y responde las preguntas. Usa oraciones completas. Cuando se pueda, usa contracciones.

Chelsea is not happy. She is home from her job (*trabajo*) at the hospital. She is very hungry but (*pero*) there isn't food in the kitchen. There aren't apples on the table. There isn't rice or meat in the refrigerator. She also is thirsty but there isn't milk or soda. Then there is a noise (*ruido*). It is her husband, Andrew. He has two big bags (*bolsas*) of food (*comida*). He has fruit, rice, milk, meat and soda. Chelsea is very happy!

1. Is Chelsea hungry?   Yes, she is.
2. Are there apples on the table?   _____
3. Is there rice in the refrigerator?   _____
4. Is Chelsea married?   _____
5. Are there clothes (*ropa*) in Andrew's _____
    bags?
6. Is there food in the bags?   _____
7. Is Chelsea happy because she has   _____
    food?

P3.f Actividades: Una de las oraciones en cada línea no es correcta. Tacha la oración incorrecta.

1a. ~~There is a milk in the refrigerator.~~   1b. There is milk in the refrigerator.
2a. There is cheese on the table.   2b. There is a cheese on the table.
3a. There is many boys at the park.   3b. There are many boys at the park.
4a. There are meat in the kitchen.   4b. There is meat in the kitchen.
5a. There is a books on your dresser.   5b. There is a book on your dresser.
6a. There is an engineer in our class.   6b. There is a engineer in our class.
7a. There are three oranges in my backpack.   7b. There is three oranges in my backpack.

P3.g Actividades: Traduce las siguientes oraciones. Cuando se pueda, usa contracciones.

1. Hay un lápiz en mi mochila.   There's a pencil in my backpack.
2. Hay una manzana en la mesa.   _____
3. Hay manzanas en la mesa.   _____
4. Hay cuatro estudiantes de Perú en   _____
    mi clase.
5. Hay dos sillas en la sala.   _____
6. Hay queso en el refrigerador.   _____
7. Hay pizzas en el horno *(oven)*.   _____
8. Hay perros en el parque.   _____

P3.h Actividades: Escribe **count** o **noncount** al lado de cada sustantivo.

1. bread ___noncount___
2. boy _____
3. child _____
4. meat _____
5. juice _____

6. hat _____
7. money (*dinero*)_____
8. lamp _____
9. ice cream _____
10. milk_____

P3.i Actividades: Observa la imagen a continuación. Primero responde cada pregunta con una respuesta larga. Cuando se pueda, usa contracciones. Luego, usa una de las siguientes respuestas cortas:

Yes, there is.

No, there isn't.

Yes, there are.

No, there aren't.

1. Is there a cat on the floor?

2. Are there shoes under the couch?

3. Are there socks under the couch?

4. Is there a lamp on the table?

5. Are there two chairs in the living room?

6. Is there a window in the living room?

7. Is there a table in front of the couch?

1a. _Yes, there's a cat on the floor._

1b. _Yes, there is._

2a. _____

2b. _____

3a. _____

3b. _____

4a. _____

4b. _____

5a. _____

5b. _____

6a. _____

6b. _____

7a. _____

7b. _____

Capítulo 4

I play soccer once a week.

(Juego al fútbol una vez por semana.)

Los verbos dan energía al idioma. Te permiten describir las distintas actividades de la vida. En este capítulo, nos concentramos en los verbos en tiempo presente simple (*simple present tense*). Usarás estos verbos para describir actividades de la vida cotidiana, brindar información y expresar sentimientos y deseos.

Al finalizar este capítulo, podrás:
- Reconocer los verbos
- Escribir verbos en tiempo presente simple
- Construir oraciones que usen verbos en tiempo presente simple para describir actividades de la vida cotidiana y expresar sentimientos y deseos
- Saber cuándo usar verbos en tiempo presente simple
- Usar adverbios de frecuencia para hablar sobre la frecuencia con que ocurren los acontecimientos

work (trabajar)

eat (comer)

walk (caminar)

Un *verbo* es una palabra que muestra acción; bailar, caminar y nadar son todos verbos. Tanto en inglés como en español, cada verbo tiene un tiempo que indica si se está hablando de algo en el pasado, en el presente o en el futuro. A menudo puedes darte cuenta del tiempo del verbo por la manera en que está escrito. A continuación hay ejemplos de cómo el verbo correr en español cambia de acuerdo al tiempo.

Tiempo pasado	Juan corrió. Juan corría.
Tiempo presente del indicativo	Juan corre.
Tiempo futuro	Juan correrá.

Estudia los verbos a la izquierda. Fíjate que cada uno describe una acción.

Otros verbos se usan para describir hechos y expresar sentimientos y deseos. Aquí hay algunos verbos de esa categoría que te resultarán útiles.

Vocabulario: Más verbos			
live (vivir)	**feel** (sentir)	**like** (gustar)	**have** (tener)

Los verbos en esta página aparecen en *el infinitivo*. El *infinitivo* a veces se conoce como **la forma del diccionario** porque es la forma del verbo que se encuentra en el diccionario. Más adelante en este capítulo aprenderás acerca de por qué el infinitivo es importante.

Repaso de gramática: El verbo to be

Recuerda que **am**, **is** y **are** también son verbos. Para más información sobre estos verbos, dirígete a *Gramática del inglés: Paso a paso 1*.

Repaso de gramática: Los sujetos y los verbos

A medida que sigas estudiando los verbos, es importante poder reconocer el sujeto y el verbo en una oración.

drive (manejar)

speak (hablar)

- ▶ El *sujeto* de la oración es por lo general el primer sustantivo o pronombre de la oración. El sujeto indica a quién o a qué se refiere la oración.
- ▶ El *verbo* indica la acción que realiza el sujeto.

Lee esta oración.

- ▶ I play soccer on Tuesdays. (Juego al fútbol los martes.)

I es el sujeto porque indica a quién se refiere la oración; **play** es el verbo porque indica la acción que el sujeto, I, realiza.

play (jugar)

4.1.a Actividades: Traduce cada verbo al español.

1. work   trabajar
2. play
3. eat
4. live
5. speak

6. feel
7. wash
8. walk
9. drive
10. have

4.1.b Actividades: Traduce cada verbo al inglés.

1. manejar   drive
2. trabajar
3. lavar
4. jugar
5. comer

6. gustar
7. vivir
8. tener
9. sentir
10. hablar

4.1.c Actividades: Subraya el sujeto con una sola línea. Subraya el verbo con dos líneas.

1. <u>Antonio</u> <u>walks</u> to school.
2. Ana feels sad.
3. Lucas is from Mexico.
4. I speak English.
5. Jose and I are in love.
6. Joe and Ana play soccer at the park.
7. Andres and Lisa have a new baby.
8. Luis drives a beautiful car.
9. We like pizza.
10. They work at Bobos restaurant.
11. Paola speaks Chinese.
12. Ana feels tired.
13. I have two dogs.
14. Andres lives in Los Angeles.
15. Maria speaks Spanish.
16. Peter and James like Chinese food.

4.1.d Actividades: Escribe **A** si la palabra es un **adjective** (adjetivo). Escribe **V** si la palabra es un **verb** (verbo). Escribe **N** si la palabra es un **noun** (sustantivo).

1. dog   N
2. happy
3. tired
4. am
5. drive
6. short
7. Carlos
8. is

9. eat
10. bread
11. tall
12. school
13. live
14. are
15. New York
16. dresser

17. sofa
18. lamp
19. red
20. teacher
21. yellow
22. walk
23. fruit
24. have

4.1.e Actividades: En cada línea, tacha la palabra que <u>no</u> es un verbo.

1. am, speak, ~~bed~~
2. Andrew, live, feel

3. new, have, play
4. wash, is, ball

5. walk, car, drive
6. are, house, eat

4.2   Presentamos los verbos en tiempo *simple present*

En inglés hay dos tipos de tiempos verbales en presente: *simple present* (*presente simple)* y **present progressive** (*presente continuo*). En este capítulo y en el capítulo 5 hablaremos de los verbos en *simple present*. En el capítulo 6 hablaremos de los verbos en *present progressive.*

Observa el verbo **eat** (comer). En español, este verbo tiene diferentes formas en el tiempo presente del indicativo (lo que en inglés sería el *simple present*): como, comes, come, comemos. En inglés, tiene sólo dos formas: el infinitivo, **eat**, y la forma con "s", **eats**. Estudia el siguiente cuadro.

Cuándo usar el infinitivo	Cuándo usar la forma con "s"
I eat (yo como)	**he eats** (él come)
you eat (tú comes, usted come, ustedes comen)	**she eats** (ella come)
we eat (nosotros comemos, nosotras comemos)	**it eats**
they eat (ellos comen, ellas comen)	

Fíjate en lo siguiente:

► En el tiempo *simple present*, se usa **eats** después de **he**, de **she** y de **it**. En todos los demás casos, se usa el infinitivo del verbo, **eat**.

Esta misma regla se aplica a casi todos los verbos en tiempo *simple present*; se usa el infinitivo seguido de una **s** en el caso de usar **he**, **she** o **it**. En todos los demás casos, se usa el infinitivo.

¿Cómo se escribe una oración con un verbo en tiempo *simple present*? ¡Es fácil! Estudia esta estructura:

Sujeto (sustantivo o pronombre)	Verbo en *simple present*	Resto de la oración	Traducción en español
I	speak	English.	Hablo inglés.
She	speak**s**	English.	Ella habla inglés.

Aquí hay más ejemplos:

► I **drive** to work. (Manejo al trabajo.)
► We **get up** at 8:00. (Nos levantamos a las ocho.)
► He **plays** baseball at the park. (Él juega al béisbol en el parque.)

¡Cuidado! Una de las partes más confusas de la gramática del inglés es que se agrega la letra **s** al final de las palabras por dos razones completamente distintas.

► Se agrega una **s** a un sustantivo (persona, lugar, animal o cosa) para transformarla en plural (por ejemplo, **book**s es el plural de **book**).
► Se agrega una **s** al infinitivo de un verbo en tiempo presente cuando el sujeto de la oración es **he**, **she** o **it** (He **lives** in Guatemala).

Además, muchas palabras en inglés terminan en s. Por ejemplo, **dress** (vestido), **kiss** (beso), **his** (su, de él) y muchas más.

4.2.a Actividades: Completa la oración con work o works.

1. I __work__ at Bobos Restaurant.
2. He _____ at Bobos Restaurant.
3. We _____ at Bobos Restaurant.
4. You _____ at Bobos Restaurant.
5. She _____ at Bobos Restaurant.
6. They _____ at Bobos Restaurant.

4.2.b Actividades: Completa la oración con live o lives.

1. He __lives__ in New York.
2. You _____ in Chicago.
3. We _____ in Los Angeles.
4. They _____ in Mexico.
5. I _____ in Honduras.
6. She _____ in El Salvador.

4.2.c Actividades: Completa la oración con like o likes.

1. We __like__ pizza.
2. You _____ milk.
3. They _____ cheese.
4. I _____ soccer.
5. He _____ the United States.
6. She _____ her class.

4.2.d Actividades: En cada oración, subraya el verbo que sea el correcto.

1. I (<u>play</u>, plays) soccer.
2. He (live, lives) in a big house.
3. You (eat, eats) meat every day.
4. I (speak, speaks) Spanish.
5. We (work, works) in Chicago.
6. You (live, lives) in a big city.
7. They (walk, walks) to school.
8. I (eat, eats) lunch at 2:00.
9. She (speak, speaks) English.
10. She (work, works) at a school.
11. They (play, plays) golf.
12. I (like, likes) fruit.
13. She (live, lives) in Sonora.
14. She (eat, eats) ice cream at school.
15. I (feel, feels) tired.
16. He (drive, drives) her car.
17. She (feel, feels) sick today.
18. You (walk, walks) every day.

4.2.e Actividades: Una de las oraciones en cada línea no es correcta. Tacha la oración incorrecta.

1a. I play soccer.
2a. He live in a big house.
3a. I like watermelon (*sandía*).
4a. He feel sad.
5a. We work in Chicago.
6a. You walk to school.
7a. She plays tennis.
8a. I walks in the park.
9a. They work at a restaurant.

1b. ~~I plays soccer.~~
2b. He lives in a big house.
3b. I likes watermelon.
4b. He feels sad.
5b. We works in Chicago.
6b. You walks to school.
7b. She play tennis.
8b. I walk in the park.
9b. They works at a restaurant.

Más acerca de los verbos en tiempo *simple present*

Ahora sabes cómo usar el tiempo *simple present* cuando el sujeto de una oración es un pronombre como **I**, **you**, **he**, **she**, **it**, **we** o **they**. ¿Pero qué pasa si el sujeto de la oración es un sustantivo como **Carlos** o **Barack and Michelle**? Mira estos ejemplos.

I live in that house.
(Vivo en esa casa.)

Gabriela lives in that house.
(Gabriela vive en esa casa.)

Observa lo siguiente:

► En la primera oración, el sujeto de la oración es **I**, así que se usa el infinitivo del verbo, que es **live**.

► En la segunda oración, el sujeto de la oración es **Gabriela**, así que se usa la forma con **s**, que es **lives**.

El siguiente cuadro resume cómo se forman los verbos en tiempo *simple present*.

Se agrega s al infinitivo del verbo para referirse a he, she, it, un hombre, una mujer o una cosa.	Se usa el infinitivo del verbo en todos los demás casos.
Luis lives in Boston. (Luis vive en Boston.) **Laura lives in Boston.** (Laura vive en Boston.) **My brother lives in Boston.** (Mi hermano vive en Boston.) **She lives in Boston.** (Ella vive en Boston.)	**I live in Boston.** (Yo vivo en Boston.) **My friends live in Boston.** (Mis amigos viven en Boston.) **They live in Boston.** (Ellos viven en Boston.) **Ana and I live in Boston.** (Ana y yo vivimos en Boston.)

Repaso de gramática: Para usar correctamente el tiempo *simple present*, deberás aprender los siguientes sustantivos plurales irregulares:

Sustantivo singular	Sustantivo plural irregular
man (hombre)	**men** (hombres)
woman (mujer)	**women** (mujeres)
child (niño)	**children** (niños)
person (persona)	**people** (personas)
foot (pie)	**feet** (pies)
tooth (diente)	**teeth** (dientes)

4.3.a Actividades: Escribe el pronombre sujeto (**he**, **she**, **it**, **we** o **they**) que puedes usar para sustituir el sustantivo o los sustantivos.

1. Lucas ___he___
2. Ana _____
3. the students _____
4. The woman _____
5. The people _____
6. My teacher and I _____
7. the book _____
8. Henry and I _____
9. Peter _____
10. The school _____
11. The flowers _____
12. Charles and Bryan _____

4.3.b Actividades: Completa la oración con **live** o **lives**.

1. Angela ___lives___ in New York.
2. Luis _____ in Chicago.
3. My cousins _____ in New York.
4. I _____ in Michoacan.
5. Edgar and I _____ in Honduras.
6. The teacher _____ in an apartment.

4.3.c Actividades: Completa la oración con **like** o **likes**.

1. Andrew ___likes___ apples.
2. Laura _____ expensive cars.
3. My sisters and I _____ New York.
4. Anna _____ flowers.
5. Bruce and Elizabeth _____ cheese.
6. The teacher _____ her students.

4.3.d Actividades: Completa la oración con **speak** o **speaks**.

1. Francisco ___speaks___ English.
2. Dan _____ Spanish.
3. My parents _____ English.
4. The students _____ French.
5. I _____ English.
6. Emily _____ Spanish and French.

4.3.e Actividades: Subraya el verbo que sea correcto en cada oración.

1. Juan (play, <u>plays</u>) soccer.
2. Anna and Lucas (live, lives) in an old house.
3. The children (eat, eats) tacos for lunch.
4. Omar (feel, feels) sad.
5. Patricia (work, works) at a restaurant.
6. The man (play, plays) golf.
7. We (like, likes) rice.
8. I (feel, feels) tired.
9. The women (work, works) at a school.
10. My sister (play, plays) tennis.

4.3.f Actividades: Traduce cada oración.

1. Los estudiantes viven en Hawaii.   The students live in Hawaii.

2. Mi mamá se siente feliz.   _____

3. Camino en el parque.   _____

4. Marian y Marcos viven en Guadalajara.   _____

5. Lisa trabaja en Fries Restaurant.   _____

4.4   El uso correcto de los verbos en tiempo *simple present*

Usar el tiempo *simple present* correctamente es uno de los aspectos más difíciles al aprender a hablar y escribir inglés. Esta sección explica algunos de los problemas más comunes que las personas que no hablan inglés tienen al usar verbos en tiempo *simple present*, y cómo evitarlos.

Agregar el verbo **to be** a los verbos en tiempo *simple present*

Mucha gente que está aprendiendo inglés incorrectamente pone una forma del verbo **to be** (**is**, **am** o **are**) antes del verbo en tiempo *simple present*. Estudia los siguientes ejemplos de oraciones correctas e incorrectas.

Oraciones correctas	Oraciones incorrectas
Juan <u>lives</u> in Miami. (Juan vive en Miami.)	Juan ~~is live~~ in Miami.
I <u>speak</u> English. (Hablo inglés.)	I ~~am speak~~ English.
Chelsea and I <u>run</u> in the park. (Chelsea y yo corremos en el parque.)	Chelsea and I ~~are run~~ in the park.

Con los verbos en *present progressive* sí se usa una forma del verbo **to be**. Por ejemplo, es correcto decir **He is playing soccer**. Aprenderás más sobre los verbos en *present progressive* en el capítulo 6.

Agregar **ing** a los verbos en tiempo *simple present*

Otro error común que cometen las personas que están aprendiendo inglés es agregar **ing** al infinitivo del verbo. Esto no es correcto. Observa estos ejemplos.

Oraciones correctas	Oraciones incorrectas
Juan <u>lives</u> in Miami. (Juan vive en Miami.)	Juan ~~living~~ in Miami.
I <u>speak</u> English. (Hablo inglés.)	I ~~speaking~~ English.
Gaby and I <u>run</u> in the park. (Gaby y yo corremos en el parque.)	Gaby and I ~~running~~ in the park.

Es correcto agregar **ing** al infinitivo del verbo al usar el tiempo *present progressive*. Por lo tanto, es correcto decir: **I am speaking English.** En el capítulo 6 aprenderás más sobre los verbos en *present progressive*.

4.4.a Actividades: Una de las oraciones en cada línea no es correcta. Tacha la oración incorrecta.

1a. ~~I am study English.~~   1b. I study English.
2a. They are like the United States. 2b. They like the United States.
3a. Susan she is likes soccer.   3b. Susan likes soccer.
4a. I drive to work.   4b. I am driver to work.
5a. You work today.   5b. You are work today.
6a. I feel sad.   6b. I feeling sad.
7a. I play volleyball with my friends. 7b. I playing volleyball with my friends.
8a. I driving to work.   8b. I drive to work.
9a. I having two jobs.   9b. I have two jobs.
10a. My friend is lives in Chicago.   10b. My friend lives in Chicago.

4.4.b Actividades: Subraya el verbo que sea correcto en cada oración.

1. Juan (is play, <u>plays</u>) with his brother.
2. We (live, living) in an old house.
3. Andrew and I (are eat, eat) meat for lunch.
4. Stuart (feels, is feels) tired because he is sick.
5. Alonso (speaks, speaking) English at home.
6. You (live, living) in an apartment.
7. The child (walk, walks) to school.
8. I (drive, driver) an old car.
9. The man (play, plays) golf.
10. We (like, likes) oranges.
11. I (am like, like) milk.
12. The boys (work, works) at a school in New Haven.
13. I (play, am play) tennis.
14. The woman (is drive, drives) to work.
15. The girls (play, plays) with their toys.
16. The teachers (feel, they feel) lazy today.

4.4.c Actividades: Cada oración contiene un error. El error está subrayado. Vuelve a escribir cada oración de la manera correcta. En todas las oraciones debes usar el tiempo *simple present*.

1. The engineers <u>working</u> eight hours a day.   The engineers work eight hours a day.

2. I <u>going to</u> class at 2:00.

3. The children <u>watching</u> television at 3:30.

4. I <u>am study</u> in the kitchen.

5. Ernesto <u>is work</u> at a restaurant.

6. I <u>am have</u> two sisters.

7. We <u>are like</u> Chinese food.

8. Ana <u>feel</u> sick today.

9. We <u>lives</u> in Seattle.

10. I <u>am eat</u> breakfast at work.

4.5 Reglas para escribir verbos en tiempo *simple present*

Aprendiste que, en oraciones con verbos en *simple present*, cuando el sujeto es **he**, **she**, **it** o un hombre, una mujer o una cosa, simplemente se agrega una **s** al infinitivo del verbo. Esta regla se aplica la mayoría de las veces. Pero hay algunas otras reglas de ortografía que deberás aprender. Te las explicamos en esta sección.

Cuándo agregar **es** en lugar de **s** a un verbo en tiempo *simple present*

Si el infinitivo de un verbo termina en **s**, **ss**, **ch**, **sh**, **x** o **z**, se agrega **es** en lugar de **s** al infinitivo. Aquí hay algunos ejemplos:

► He **watches** television. (Él mira televisión.)

► Lucy **brushes** her teeth in the morning. (Lucy se cepilla los dientes en la mañana.)

► Jose **relaxes** on Sundays. (José se relaja los domingos.)

En el primer ejemplo, el infinitivo del verbo es **watch** (mirar). Debido a que **watch** termina en **ch**, se agrega **es** en lugar de **s** al infinitivo. En el segundo ejemplo, el infinitivo del verbo es **brush** (cepillar). Debido a que brush termina en **sh**, se agrega **es** en lugar de **s**. En el tercer ejemplo, el infinitivo del verbo es **relax** (relajar). Debido a que **relax** termina en **x**, se agrega **es** en lugar de **s**.

Cuándo quitar la **y** y agregar **ies** en lugar de **s** a un verbo en tiempo *simple present*

Si el infinitivo del verbo termina en una **y** precedida de una consonante, borra la **y** y agrega **ies** al infinitivo (recuerda que en inglés, las consonantes son **b**, **c**, **d**, **f**, **g**, **h**, **j**, **k**, **l**, **m**, **n**, **p**, **q**, **r**, **s**, **t**, **v**, **w**, **x**, **y**, **z**. Las vocales son **a**, **e**, **i**, **o**, **u**.)

Aquí hay algunos ejemplos que muestran cómo quitar la **y** agregar **ies** al infinitivo:

► Lisa **studies** English. (Lisa estudia inglés.)

► Lisa **carries** her books to class. (Lisa carga sus libros a clase.)

En el primer ejemplo, el infinitivo del verbo es **study** (estudiar). Este verbo termina en una **y** precedida de la consonante **d**, así que se cambia la **y** por la **i** y se agrega **es**. En el segundo ejemplo, el infinitivo del verbo es **carry** (cargar). Este verbo termina en una **y** precedida de la consonante **r**, así que se cambia la **y** por la **i** y se agrega **es**.

Si el verbo termina en una **y** precedida de una vocal, simplemente se agrega **s** al infinitivo del verbo. Aquí hay algunos ejemplos:

► She **plays** soccer at her school. (Ella juega al fútbol en su escuela.)

► Sam **pays** the cashier. (Sam le paga a la cajera.)

4.5.a Actividades: Completa con la forma con "s" correcta de cada verbo.

1. fix   fixes
2. watch
3. study
4. relax
5. speak
6. pay (*pagar*)

7. carry
8. write (*escribir*)
9. brush
10. feel
11. play
12. listen (*escuchar*)

4.5.b Actividades: Elige de los cuadros la palabra correcta para cada oración. Usa cada palabra una sola vez.

watch	brush	play	drive	carry	study
watches	brushes	have	drives	carries	studies

1. Pedro _carries_ his books in his backpack.
2. I _____ English at Buena Vista Community College.
3. My mother _____ television at night.
4. We _____ volleyball in the park on Sundays.
5. The children _____ television in the afternoon.
6. The engineer _____ mathematics at the university.
7. I _____ my hair in the morning.
8. I _____ home from work at 6 p.m.
9. Josephina _____ to work at 8 a.m.
10. My aunt and uncle _____ five children.
11. Alma _____ her daughter's hair.
12. I _____ my backpack to school.

4.5.c Actividades: Tacha la palabra que <u>no</u> es un verbo.

1. ~~good,~~ listen, work

2. cheap, play, pay

3. has, goes, hospital

4. is, hair (*pelo*), brush

5. are, relax, ball

6. English, write, study

7. car, drives, drive

8. carries, watches, happy

4.6   Los verbos irregulares en tiempo *simple present: Goes, Does* y *Has*

Tanto en inglés como en español, hay dos tipos de verbos: **verbos regulares** y **verbos irregulares.** Los *verbos regulares* son verbos que tienen reglas sobre cómo escribirse. Los *verbos irregulares* son verbos que se escriben de maneras que no siguen ninguna regla. ¡La buena noticia es que en inglés hay muchos menos verbos irregulares que en español!

Ya conoces un verbo irregular en inglés: **to be** (**am**, **is** y **are**). Todos los demás verbos en tiempo *simple present* que has estudiado hasta ahora en inglés son verbos regulares; existen reglas sobre cómo escribirlos. En esta sección, aprenderás tres verbos que son irregulares en el tiempo *simple present*: **go** (ir), **do** (hacer) y **have** (tener). Observa esta conversación:

Fíjate que en la segunda oración, el verbo es **has**, no ~~haves~~.

Los tres verbos que son irregulares en *tiempo presente* se conjugan de la siguiente manera:

	have (tener)*	go (ir)	do (hacer)**
Infinitivo	**I have**	**I go**	**I do**
	You have	**You go**	**You do**
	We have	**We go**	**We do**
	They have	**They go**	**They do**
Forma con "s"	**He has**	**He goes**	**He does**
	She has	**She goes**	**She does**
	It has	**It goes**	**It does**

Fíjate en lo siguiente:

- ► **have** cambia a **has**.
- ► **go** cambia a **goes**.
- ► **do** cambia a **does**.

*Dirígete a *Gramática del inglés: Paso a paso 1* para más información sobre el uso de **have** y **has**.

** El verbo hacer tiene dos significados en inglés: **do** y **make**. **Do** también se usa al hacer preguntas y oraciones negativas en tiempo *simple present*. En esos casos, ¡**do** no significa hacer! Más adelante aprenderás más sobre este verbo.

4.6.a Actividades: Completa la oración con **have** o **has**.

1. I ___have___ a job.
2. He _____ many friends.
3. Cecilia _____ an old car.
4. That man _____ a big problem.
5. The boy _____ a new toy.
6. You _____ a problem.
7. Louisa _____ a good mother.
8. They _____ a new baby.
9. Dulce and Paul _____ three children.
10. We _____ an expensive apartment.

4.6.b Actividades: Completa la oración con **go** o **goes**.

1. We ___go___ to school at 8:00.
2. Lisa _____ to work at 3:30.
3. I _____ home after work.
4. Meg _____ to church on Sunday.
5. They _____ to the park once a week.
6. You often _____ to the doctor.
7. The students _____ to school late.
8. The man _____ to work in the afternoon.
9. The women _____ to Los Angeles.
10. Luis and Edgar _____ home at 5:00.

4.6.c Actividades: Completa con la forma correcta del verbo.

1. speak   speaks
2. go
3. study
4. have
5. watch
6. listen
7. write
8. do
9. work
10. relax
11. read (*leer*)
12. fix

4.6.d Actividades: Vuelve a escribir esta historia para que sea acerca de Ana Banks. Las dos primeras oraciones ya están hechas.

My name is Ana Banks. I live in Los Angeles. I have a job. I work at Celia's Restaurant. I am a cashier. I like my job. I drive to my job. I also study English. My class is on Tuesday and Thursday from 7 p.m. to 9 p.m.

Her name is Ana Banks. She lives in Los Angeles.

4.7   Cuándo usar los verbos en tiempo *simple present*

Los verbos en *simple present* se usan con dos propósitos principales: para hablar de hábitos, costumbres y horarios y para hablar de hechos, sentimientos y deseos.

El uso de los verbos en tiempo *simple present* para acciones repetitivas

Con frecuencia se usan los verbos en *simple present* para hablar de actividades que se hacen como parte de la rutina diaria. Lee los horarios diarios de Héctor. Los verbos están subrayados.

7:00 **get up** (levantarse)	1:00 **eat lunch** (almorzar)
7:15 **take** a shower (ducharse)	5:00 **finish** work and **go** home (terminar el trabajo e ir a la casa)
7:45 **eat** breakfast (desayunar)	5:15 **study** English (estudiar inglés)
8:00 **drive** to work (manejar al trabajo)	6:30 **eat** dinner (cenar)
8:30 **start** work (empezar a trabajar)	7:00 **watch** television (mirar televisión)
10:30 **take** a break (tomar un descanso)	10:00 **sleep** (dormir), **go to bed** (acostarse)

Observa lo siguiente:

- ► Algunos verbos en inglés están formados por más de una palabra. **Get up** es uno de esos verbos.

- ► No existen verbos en inglés para decir desayunar, almorzar y cenar. Se dice **eat breakfast**, **eat lunch** y **eat dinner**.

Para describir los horarios de Héctor, puedes decir por ejemplo:

- ► Hector **gets up** at 7:00. (Héctor se levanta a las siete.)
- ► He **takes** a shower at 7:15. (Se ducha a las siete y cuarto.)

Para hablar de tus horarios, en vez de los de Héctor, puedes decir:

- ► I **get up** at 7:00. (Me levanto a las siete.)
- ► I **take** a shower at 7:15. (Me ducho a las siete y cuarto.)

¿Sabes por qué se agrega una **s** a los verbos en los dos primeros ejemplos y se usa el infinitivo del verbo en los otros dos?

El uso de los verbos en tiempo *simple present* para describir hechos, sentimientos y deseos

Los verbos en tiempo *simple present* también se usan en oraciones que hablan de hechos, sentimientos y deseos. Los siguientes verbos se usan con ese propósito.

- ► Ariana **needs** a job. (Ariana necesita un trabajo.)
- ► I **know** your sister. (Yo conozco a tu hermana.)
- ► She **knows** your name. (Ella sabe tu nombre.)
- ► Alison **wants** a dog. (Alison quiere un perro.)

4.7.a Actividades: Emma Medina es secretaria. Observa su agenda. Luego escribe una oración acerca de lo que hace en cada uno de los horarios que aparecen a continuación.

6:00 a.m.: get up	7:00 a.m.: walk to work	4:00 p.m.: watch television	7:00 p.m.: go to class
6:10 a.m.: take a shower	11:30 a.m.: eat lunch	5:30 p.m.: prepare dinner	9:30 p.m.: go home
6:20 a.m.: eat breakfast	3:30 p.m.: walk home	6:00: p.m.: eat dinner	10:30 p.m.: go to bed

1. (6:00 a.m.) She gets up at 6:00 a.m.

2. (6:10 a.m.) _____

3. (6:20 a.m.) _____

4. (7:00 a.m.) _____

5. (11:30 a.m.) _____

6. (4:00 p.m.) _____

7. (5:30 p.m.) _____

8. (7:00 p.m.) _____

9. (10:30 p.m.) _____

4.7.b Actividades: Pon una marca (√) al lado de las oraciones que sean ciertas para ti.

1. _____ I take a shower every day. (*todos los días*)
2. _____ I eat breakfast every day.
3. _____ I eat lunch every day.
4. _____ I eat dinner every day.
5. _____ I watch television every day.
6. _____ I speak English every day.
7. _____ I clean (*limpio*) my house every day.
8. _____ I sleep eight hours every night.

4.7.c Actividades: Lee la historia. Luego responde cada pregunta con **T** si es **True** (verdadera) o **F** si es **False** (falsa).

My name is Mario Hernandez. I am a painter (*pintor*). I work five days a week. I work from Monday to Friday. I work from 9:00 a.m. to 3:00 p.m. I go to sleep at 11:15 p.m.. I go to English class on Monday, Tuesday, and Thursday evenings. I need to study English. On Wednesday evenings I play soccer at Central Park. On Friday evening I relax. I am tired.

1. Mario works seven days a week.   F

2. Mario plays soccer at Central Park.   _____

3. Mario is a cook.   _____

4. Mario relaxes on Friday evenings.   _____

5. Mario starts (*empieza*) work at 9:00 p.m.   _____

6. Mario plays soccer on Wednesday evenings.   _____

4.8 Los adverbios de frecuencia: *Always, Usually, Sometimes, Never*

Los verbos en tiempo *simple present* frecuentemente se usan para decir con qué frecuencia se hace algo. Lee esta conversación:

My husband <u>always</u> watches TV. He <u>never</u> cleans the house.
(Mi esposo siempre mira televisión. Nunca limpia la casa.)

Always y **never** se llaman *adverbios de frecuencia*. Un *adverbio* es una parte de la oración que modifica un verbo, un adjetivo u otro adverbio. Los *adverbios de frecuencia* modifican los verbos al decir con qué frecuencia se realiza una acción. Estudia estos adverbios de frecuencia.

Vocabulario: Adverbios de frecuencia

always (siempre)	**usually** (normalmente)	**sometimes** (a veces, algunas veces)	**never** (nunca)

Aquí está la estructura para oraciones que tienen adverbios de frecuencia. Observa que el adverbio de frecuencia se ubica después del sujeto.

Sujeto	Adverbio de frecuencia	Verbo en *simple present*	Resto de la oración	Traducción en español
I	**sometimes**	**eat**	**breakfast.**	A veces desayuno.

Aquí hay más ejemplos. Nuevamente, observa que el adverbio se ubica después del sujeto.

▶ We **never** walk to school. (Nunca caminamos a la escuela.)

▶ Mario **always** brushes his teeth in the morning. (Mario siempre se cepilla los dientes por la mañana.)

▶ They **usually** eat dinner at 8:00. (Ellos normalmente cenan a las 8:00.)

4.8.a Actividades: Usa los adverbios de frecuencia entre paréntesis para volver a escribir las oraciones. Recuerda que el adverbio de frecuencia se ubica después del sujeto.

1. (often) I drink milk.   I often drink milk.

2. (always) I watch TV.

3. (sometimes) I play soccer.

4. (usually) I eat meat for dinner.

5. (never) My boss speaks English.

6. (usually) My teacher speaks English.

7. (never) Amanda's husband drives to work.

8. (often) We listen to (*escuchamos*) music.

9. (never) My parents eat Chinese food.

10. (sometimes) The students walk to school.

4.8.b Actividades: Escribe oraciones que cuenten con qué frecuencia realizas las siguientes actividades. Di la verdad. Usa **always, usually, sometimes** o **never**.

1. read the newspaper

2. play soccer

3. watch television

4. eat breakfast

5. eat lunch

6. go to the park

7. go to church

8. go to the beach

4.8.c Actividades: Una de las oraciones en cada línea no es correcta. Tacha la oración incorrecta.

1a. I never play soccer.   1b. ~~I play soccer never.~~

2a. I usually take a shower at night.   2b. I take a shower at night usually.

3a. My sister does always her homework.   3b. My sister always does her homework.

4a. Luisa cooks sometimes dinner.   4b. Luisa sometimes cooks dinner.

5a. My sister studies sometimes English.   5b. My sister sometimes studies English.

6a. My daughter walks always to school.   6b. My daughter always walks to school.

7a. Luke usually eats dinner at home.   7b. Luke eats dinner usually at home.

8a. The boys play soccer never on the weekends.   8b. The boys never play soccer on the weekends.

9a. I feel tired always after work.   9b. I always feel tired after work.

10a. My dog usually sleeps on my bed.   10b. My dog sleeps on my bed usually.

Los adverbios de frecuencia que aprendiste en la última sección (**never**, **sometimes**, **usually** y **always**) dan una idea general de la frecuencia con que ocurre un acontecimiento. ¿Pero qué pasa si quieres ser más específico? Para esos casos, deberás aprender algunas frases más. Observa esta conversación entre dos amigos.

Ahora estudia este vocabulario:

Vocabulario: Frases con adverbios	
every week (cada semana, todas las semanas)	**twice a week** (dos veces por semana)
once a week (una vez por semana)	
three times a week (tres veces por semana)	**four times a week** (cuatro veces por semana)

Fíjate en lo siguiente:

► Como puedes ver en el gráfico de arriba, cuando se hace algo una vez, se usa la palabra **once** y cuando se hace algo dos veces, se usa la palabra **twice**. Después de eso, simplemente se dice **three times**, **four times**, **five times**, etc.

► A pesar de que **once** es la misma palabra que el número **eleven** en español, se pronuncia de manera diferente. La pronunciación en inglés es ***uáns***.

Estudia esta estructura:

Sujeto	Verbo en *simple present*	Resto de la oración	Frase con adverbio	Traducción en español
I	play	soccer	twice a week.	Juego al fútbol dos veces por semana.

Observa los siguientes ejemplos. La frase siempre se ubica al final de la oración.

► I visit my aunt **twice a month**. (Visito a mi tía dos veces por mes.)

► Her parents go to Peru **four times a year**. (Sus padres van a Perú cuatro veces por año.)

4.9.a Actividades: Usa las expresiones entre paréntesis sobre la cantidad de veces para volver a escribir las oraciones. Recuerda que las expresiones sobre la cantidad de veces se ubican al final de la oración.

1. (once a week) I drink soda.   I drink soda once a week.

2. (five days a week) Lionel watches TV.

3. (every day) Luke plays volleyball.

4. (five days a week) Peter does his homework.

5. (every day) The students go to the library.

6. (three times a week) Magali goes to church.

7. (twice a month) The children eat pizza.

8. (once a year) I go to the beach.

4.9.b Actividades: Escribe oraciones que cuenten con qué frecuencia realizas las siguientes actividades. Di la verdad. Usa **once a day, twice a day, once a week,** etc.

1. take a shower (*ducharse*)

2. use the computer

3. read the newspaper

4. call my country

5. play soccer

6. eat out (*comer afuera*)

4.9.c Actividades: Una de las oraciones en cada línea no es correcta. Tacha la oración incorrecta.

1a. I brush my teeth twice a day.   1b. ~~I brush twice a day my teeth.~~
2a. I call my family once a week.   2b. I call once a week my family.
3a. We work five days a week.   3b. We five days a week work.
4a. The students go to the library five day a week.   4b. The students go to the library five days a week.
5a. My aunt and uncle every year visit Mexico. 5b. My aunt and uncle visit Mexico every year.

4.9.d Actividades: Traduce las siguientes oraciones.

1. Trabajo cinco días por semana.   I work five days a week.

2. Lucas trabaja seis días por semana.

3. Voy a Dallas una vez por semana.

4. Mi tío va a Los Angeles una vez por mes.

5. Ernesto visita México dos veces por año.

📖 Resumen del capítulo 4

Un *verbo* es una palabra que muestra acción. Algunos ejemplos son **dance** (bailar) y **walk** (caminar). Los verbos también se usan para hablar de hechos y expresar sentimientos y deseos. Algunos ejemplos son **feel** (sentir) y **live** (vivir). **Am**, **is** y **are** también son verbos.

Los verbos en *simple present*

Los verbos en tiempo *simple present* se usan para hablar de hábitos, costumbres y horarios. Las oraciones con verbos en *simple present tense* tienen la siguiente estructura:

Sujeto (sustantivo o pronombre)	Verbo en *simple present*	Resto de la oración	Traducción en español
I	speak	English.	Hablo inglés.
Juan	speak<u>s</u>	English.	Juan habla inglés.

Para formar los verbos en tiempo *simple present*, sigue estas reglas:

Se agrega **s** al infinitivo del verbo para referirse a **he, she, it**, un hombre, una mujer o una cosa.	Se usa el infinitivo del verbo en todos los demás casos.
Luis lives in Boston. (Luis vive en Boston.)	**I live in Boston.** (Yo vivo en Boston.)
Laura lives in Boston. (Laura vive en Boston.)	**My friends live in Boston.** (Mis amigos viven en Boston.)
My brother lives in Boston. (Mi hermano vive en Boston.)	**They live in Boston.** (Ellos viven en Boston.)

▶ Cuando el sujeto de una oración es **he**, **she**, **it** o un hombre, una mujer o una cosa, se agrega una **s** al infinitivo del verbo: **live** → **lives**

▶ Si el infinitivo de un verbo termina en **s, ss, ch, sh, x** o **z**, se agrega **es** en lugar de **s** al infinitivo: **watch** → **watches**

▶ Si el infinitivo del verbo termina en una **y** precedida de una consonante, borra la **y** y agrega **ies** al infinitivo: **carry** → **carries**

Aquí están los verbos irregulares en *simple present tense*:

have changes to **has**.	**do** changes to **does**.	**go** changes to **goes**.

Los adverbios de frecuencia

Los adverbios de frecuencia indican con qué frecuencia ocurre algo. Algunos adverbios de frecuencia son **always** (siempre), **usually** (normalmente), **sometimes** (a veces, algunas veces) y **never** (nunca). El adverbio de frecuencia se ubica después del sujeto.

Sujeto	Adverbos de frecuencia	Verbo en *simple present*	Resto de la oración	Traducción en español
I	sometimes	eat	breakfast.	A veces desayuno.

Para hablar de la frecuencia con la que ocurre un evento, también se usan frases como **once a week** (una vez por semana), **once a month** (una vez por mes), **twice a week** (dos veces por semana), **twice a month** (dos veces por mes). Esas oraciones tienen la siguiente estructura:

Sujeto	Verbo en *simple present*	Resto de la oración	Frase con adverbio	Traducción en español
I	play	soccer	twice a week.	Juego al fútbol dos veces por semana.

 **¡Más ejercicios!**

P4.a Actividades: Escribe **A** si la palabra es un **adjective** (adjetivo). Escribe **V** si la palabra es un **verb** (verbo). Escribe **N** si la palabra es un **noun** (sustantivo).

1. cat	N	9. cheap	_____	17. bedroom	_____
2. thin	_____	10. talk	_____	18. hat	_____
3. healthy	_____	11. green	_____	19. late	_____
4. study	_____	12. like	_____	20. aunt	_____
5. blouse	_____	13. feel	_____	21. backpack	_____
6. handsome	_____	14. shoes	_____	22. am	_____
7. Alex	_____	15. Florida	_____	23. go	_____
8. shirt	_____	16. has	_____	24. have	_____

P4.b Actividades: Subraya el verbo que sea correcto en cada oración.

1. I (<u>work</u>, works) late on Mondays.
2. He (live, lives) in San Francisco.
3. They (like, likes) apples.
4. I (speak, speaks) English.
5. The children (play, plays) at the park.
6. Alma (have, has) three children.
7. The students (go, goes) to school at 9:00.
8. I (eat, eats) pizza every day.
9. Alex (finish, finishes) (*terminar*) class at 10:00.
10. Laura never (watch, watches) television.
11. My parents (live, lives) in Japan.
12. I (brush, brushes) my hair every morning.
13. The students always (study, studies) in the library.
14. The cook (work, works) six days a week.
15. Caroline (take, takes) a break at 5:00.
16. They usually (drive, drives) to work.
17. I (like, likes) telenovelas.
18. She (take, takes) a shower in the morning.
19. The men (eat, eats) tacos for lunch every day.
20. My daughter (feel, feels) sick.
21. He (drive, drives) a big car.
22. Lucas and Ana often (go, goes) to bed late.
23. Warren (need, needs) (*necesitar*) money.
24. Sharon and Frank (study, studies) Italian.
25. I never (work, works) on Sundays.
26. The doctors always (eat, eats) lunch at the hospital.
27. Mrs. Marshall (have, has) a new car.
28. They always (go, goes) to church on Sundays.

P4.c Actividades: Completa con la forma con "**s**" correcta de cada verbo.

1. speak	speaks	8. write	_____
2. brush	_____	9. finish	_____
3. have	_____	10. read	_____
4. fix	_____	11. do	_____
5. carry	_____	12. take	_____
6. relax	_____	13. feel	_____
7. study	_____	14. make	_____

P4.d Actividades: Vuelve a escribir esta historia para que sea acerca de Liliana García.

My name is Liliana Garcia. I live in Dallas, Texas. I am a student. I study English and math. I go to Mathews Community College. I also have a job. I am an engineer. I work in a large office. I fix computers. I like my job.

Her name is Liliana Garcia. She lives in Dallas, Texas.

_____

_____

_____

P4.e Actividades: Lee la historia. Luego al lado de cada oración escribe **T** si es **True** (Verdedera) y **F** si es **False** (Falsa).

My name is Ellen. I usually get up at 7:00. Then, I take a shower and eat breakfast at home. I drive to work. I am a secretary. My job is 45 minutes from my house. I work from Monday to Friday. I work from 9:00 a.m. to 5:00 p.m. I get home from work about 6:00. Then I go to the gym for an hour. When I return home I am very hungry. I have a roommate (*compañera de cuarto*). Her name is Aline. Aline usually makes dinner. She is a very good cook. After dinner, I watch TV for an hour and go to bed. I am always very tired.

I like the weekends (*fines de semana*). I sleep late on Saturday. I usually go dancing on Saturday night. On Sunday I relax, clean my house and buy food. I always go to bed early on Sunday night.

1. Ellen gets up at 7:30.   F
2. Ellen eats breakfast at her house.
3. Ellen walks to work.
4. Ellen works five days a week.
5. Ellen goes to the gym before work.
6. Ellen makes dinner every night.
7. Aline is Ellen's roommate.
8. Ellen watches TV after dinner.
9. Ellen works on the weekends.
10. Ellen goes to the movies on Saturday night.
11. Ellen cleans her house on Sunday.
12. Ellen goes to bed late on Sunday night.

P4.f Actividades: Una de las oraciones en cada línea no es correcta. Tacha la oración incorrecta.

1a. I like soccer.   1b. ~~I likes soccer.~~

2a. I need a job.   2b. I needs a job.

3a. Angela like watermelon.   3b. Angela likes watermelon.

4a. Our living room haves two sofas. 4b. Our living room has two sofas.

5a. My sister study English two nights a week.   5b. My sister studies English two nights a week.

6a. My daughter walk to school.   6b. My daughter walks to school.

7a. The boys play tennis twice a week.

8a. Julio study English at home.

7b. The boys plays tennis twice a week.

8b. Julio studies English at home.

P4.g Actividades: Usa las expresiones entre paréntesis sobre la cantidad de veces para volver a escribir las oraciones. Recuerda que las expresiones sobre la cantidad de veces se ubican al final de la oración.

1. (once a week) I drink coffee.   I drink coffee once a week.

2. (twice a month) Pat goes to the gym.

3. (six days a week) Phyillis works.

4. (twice a week) I wash clothes (*lavar la ropa*).

5. (once a month) The students go to the museum (*al museo*).

6. (twice a year) Leo goes to the beach.

P4.h Actividades: Escribe oraciones que cuenten con qué frecuencia realizas las siguientes actividades. Di la verdad. Usa **always**, **usually**, **sometimes**, o **never**.

1. use a computer

2. sing (*cantar*) in the shower

3. visit my country

4. drink (*beber*) milk

5. eat Chinese food

6. play soccer

7. call (*llamar*) my family

8. go to English class

P4.i Actividades: Traduce las siguientes oraciones.

1. Nunca voy a San Francisco.   I never go to San Francisco.

2. Siempre tomo café por la mañana.

3. Mi hija tiene dos trabajos.

4. Ana lava su ropa una vez por semana.

5. Mi madre va a Chicago dos veces por año.

6. Trabajo cinco días por semana.

7. Mi jefe siempre habla inglés.

8. Los estudiantes normalmente caminan a la escuela.

Capítulo 5

I don't have a car.
(No tengo carro.)

Has aprendido a usar los verbos en *simple present* para hablar de lo que haces todos los días. En este capítulo, aprenderás a usar esos mismos verbos para hablar de lo que no haces. También aprenderás a hacer y responder preguntas acerca de dónde, cuándo y a qué hora se llevan a cabo actividades. Por ejemplo, aprenderás a preguntarle a alguien dónde vive, en qué horario trabaja, cuándo estudia y mucho más. Y, por supuesto, también aprenderás a responder esas preguntas.

Al finalizar este capítulo, podrás:
- Usar los verbos en *simple present* en oraciones negativas
- Hacer y responder preguntas acerca de dónde, cuándo y a qué hora se llevan a cabo actividades

Oraciones negativas con verbos en tiempo presente

En el capítulo anterior, aprendiste acerca de oraciones afirmativas con verbos en tiempo *simple present*. En este capítulo, aprenderás sobre oraciones negativas con verbos en tiempo *simple present*. Lee esta conversación:

Fíjate en lo siguiente:

▶ La primera oración es afirmativa y la segunda oración es negativa.

▶ En la oración afirmativa, el sujeto es **you**, así que se usa el infinitivo del verbo, **need.**

▶ En la oración negativa, el primer verbo es **do** (**do** se llama *verbo auxiliar* o *verbo ayudante*, porque ayuda al verbo principal). El segundo verbo, **need**, es el infinitivo del verbo.

Inglés comparado con español: Mucha gente que está aprendiendo inglés intenta traducir **do not** en oraciones negativas en *simple present*. ¡Ni lo intentes! No se puede traducir. Observa que cuando **do** se usa en una oración negativa, no quiere decir hacer.

Receta de gramática: Para formar una oración negativa en *simple present* cuando el sujeto es **I**, **we**, **you** o **they**:

▶ Agrega **do not** justo antes del infinitivo del verbo.

Aquí está la estructura:

Sujeto	do not	Verbo en *simple present*	Resto de la oración	Traducción en español
I	do not	speak	English.	No hablo inglés.

Aquí hay algunos ejemplos de oraciones afirmativas y oraciones negativas con verbos en tiempo *simple present*.

Oraciones afirmativas	Oraciones negativas
I have a car. (Tengo carro.)	**I <u>do not</u> have a car.** (No tengo carro.)
We work at Rick's Restaurant. (Trabajamos en Rick's Restaurant.)	**We <u>do not</u> work at Rick's Restaurant.** (No trabajamos en Rick's Restaurant.)
The students speak Spanish. (Los estudiantes hablan español.)	**The students <u>do not</u> speak Spanish.** (Los estudiantes no hablan español.)

5.1.a Actividades: Escribe **A** si la oración es **affirmative** (afirmativa) y **N** si la oración es **negative** (negativa).

1. I do not have a job. N
2. We live in New Jersey. _____
3. The children do not like pizza. _____
4. I feel tired. _____
5. My parents do not have a car. _____

6. I need a job. _____
7. My daughter needs a new dress. _____
8. The students do not study every day. _____
9. The cooks do not work on Saturday. _____
10. We do not drive to work. _____

5.1.b Actividades: Usa **do not** para transformar las siguientes oraciones afirmativas en negativas.

1. I have a big family.   I do not have a big family.
2. I have a job.   _____
3. I need a job.   _____
4. I like your shirt.   _____
5. The women work on Tuesdays.   _____
6. The children play soccer once a week.   _____
7. They study English at the university.   _____
8. We get up early (*temprano*).   _____

5.1.c Actividades: Traduce cada oración.

1. No tengo una casa grande.   I do not have a big house.
2. No hablo inglés.   _____
3. No estudio español.   _____
4. No hablas italiano (*Italian*).   _____
5. No necesitamos un sofá nuevo.   _____
6. Ellas no caminan a la escuela.   _____
7. Ellos no viven en Los Angeles.   _____

5.1.d Actividades: Una de las oraciones en cada línea no es correcta. Tacha la oración incorrecta.

1a. ~~I no have a job.~~
2a. They do not work at Bo's Restaurant.
3a. We no like Chinese food.
4a. I not work on the weekends.
5a. My parents do not living in Canada.
6a. I no go to bed at 10:00.
7a. My wife does not work on Saturdays.

1b. I do not have a job.
2b. They not work at Bo's Restaurant.
3b. We do not like Chinese food.
4b. I do not work on the weekends.
5b. My parents do not live in Canada.
6b. I do not go to bed at 10:00.
7b. My wife no work on Saturdays.

Más oraciones negativas con verbos en tiempo presente

Ya sabes cómo formar oraciones negativas que comienzan con **I**, **you**, **we** y **they**. ¿Y qué ocurre con oraciones que hablan de tu hermana, tu amigo o tu jefe? Observa este ejemplo:

> **Misha <u>likes</u> milk. She <u>does not like</u> water.**
> (A Misha le gusta la leche. No le gusta el agua.)

Fíjate en lo siguiente:

► La primera oración es afirmativa. La segunda oración es negativa.

► En la oración afirmativa, el verbo es **likes**, la forma de **like** con "**s**".

► En la oración negativa, el primer verbo o verbo auxiliar es **does**, la forma de **do** con "**s**". El verbo principal es **like**. Observa que no se cambia **like** a **likes**. Por eso, esta oración no es correcta:

> She ~~does not likes~~ milk.

Receta de gramática: Para formar una oración negativa en *simple present* cuando el sujeto es **he**, **she** o **it**, o un hombre, una mujer o un objeto (y no es **I** o **you**):

► Agrega **does not** justo antes del infinitivo del verbo en *simple present*.

Aquí está la estructura:

Sujeto	does not	Verbo en *simple present*	Resto de la oración	Traducción en español
Carolina	does not	speak	English.	Carolina no habla inglés.

Estudia estos ejemplos de oraciones afirmativas y oraciones negativas que tienen **do not** y **does not**.

Oraciones afirmativas	Oraciones negativas
I <u>live</u> in Peru. (Vivo en Perú.)	I <u>do not live</u> in Peru. (No vivo en Perú.)
You <u>live</u> in Peru. (Vives en Perú. Usted vive en Perú.)	You <u>do not live</u> in Peru. (No vives en Perú. Usted no vive en Perú.)
The student <u>lives</u> in Peru. (El estudiante vive en Perú.)	The student <u>does not live</u> in Peru. (El estudiante no vive en Perú.)
Ana <u>lives</u> in Peru. (Ana vive en Perú.)	Ana <u>does not live</u> in Peru. (Ana no vive en Perú.)

5.2.a Actividades: Vuelve a escribir cada oración con el verbo que corresponda.

1. Alba (do not, does not) live in Seattle.   Alba does not live in Seattle.

2. Peter (do not, does not) live in Washington D.C.

3. My teacher (do not, does not) live in Florida.

4. I (do not, does not) live in Canada.

5. We (do not, does not) live in Boston.

6. Susan (do not, does not) speak Spanish.

7. Ana (do not, does not) get up early.

8. Juan (do not, does not) like Jennifer Lopez.

9. We (do not, does not) work in Seattle.

10. The teachers (do not, does not) drive to work.

5.2.b Actividades: Transforma cada oración en negativa. Usa **do not** o **does not.**

1. Louisa lives in Chicago.   Louisa does not live in Chicago.

2. Mario lives in New York.

3. Angela lives in Salem.

4. Bruce and Elizabeth live in Paris.

5. We live in Seattle.

6. My brother lives in Mexico.

7. I study English at the university.

8. Armando studies French.

9. Lucy studies English.

10. I play soccer at the park.

5.2.c Actividades: Una de las oraciones en cada línea no es correcta. Tacha la oración incorrecta.

1a. She does not live in Havana.	1b. ~~She do not live in Havana.~~
2a. Louisa no living in Canada.	2b. Louisa does not live in Canada.
3a. My sister does not lives in Honduras.	3b. My sister does not live in Honduras.
4a. Patricia does not study English.	4b. Patricia does no study English.
5a. My mother not does work at the hospital.	5b. My mother does not work at the hospital.
6a. Raymundo does not like his apartment.	6b. Raymundo no like his apartment.
7a. Alana does not wash her clothes at the laundromat (*lavandería*).	7b. Alana no is wash her clothes at the laundromat.
8a. Laura no feel sick today.	8b. Laura does not feel sick today.

En esta sección aprenderás acerca de oraciones negativas que tienen los tres verbos irregulares en tiempo *simple present* que ya aprendiste: **have**, **go** y **does**. Mira esta conversación:

Antonio has a problem. He doesn't have a girlfriend.
(Antonio tiene un problema. No tiene novia.)

► La primera oración es afirmativa y la segunda oración es negativa.

► En la oración afirmativa, el verbo es **has**, la forma de have con "**s**".

► En la oración negativa, el primer verbo o verbo auxiliar es **does**, la forma de **do** con "**s**". El verbo principal es **have**. Observa que no se cambia **have** a **has**. Por eso, esta oración no es correcta:

   She ~~does not has~~ a son.

Ahora lee esta oración:

► Angela <u>does not go</u> to school on Saturdays. (Angela no va a la escuela los sábados.)

Fíjate en lo siguiente:

► El verbo auxiliar cambia de **do** a **does** pero el verbo principal, **go**, no cambia. Por lo tanto, es incorrecto decir:

   Angela ~~does not goes~~ to school on Saturdays.

► El verbo **go** con frecuencia va seguido de la preposición **to** (a).

Aquí hay un último ejemplo. Lee esta oración:

► Luis <u>does not do</u> his homework. (Luis no hace su tarea.)

En esta oración, el infinitivo tanto del verbo auxiliar como del verbo principal es **do**. Aquí, nuevamente, se cambia el verbo auxiliar **do** a **does**, pero el verbo principal, **do**, no cambia. Algo confuso, ¿no?

Estudia estas oraciones.

Oraciones correctas	Oraciones incorrectas
Laura <u>does not have</u> a boyfriend. (Laura no tiene novio.)	**Laura ~~does not has~~ a boyfriend.-**
My sister <u>does not go</u> to church on Sundays. (Mi hermana no va a la iglesia los domingos.)	**Mi sister ~~does not goes~~ to church on Sundays.**
Ana sometimes <u>does not do</u> her homework. (Ana a veces no hace su tarea.)	**Ana sometimes ~~does not does~~ her homework.**

5.3.a Actividades: Subraya las palabras que correspondan para que la oración sea correcta.

1. Ana (<u>does not have,</u> does not has) children.

2. Peter (does not goes, does not go) to San Francisco once a year.

3. My teachers (do not have, does not has) new computers.

4. Louis usually (does not do, do not do) homework.

5. The women (do not speak, does not speaks) Spanish.

6. I (do not have, does not have) a large family.

7. My sister and I (do not go, does not go) to church every week.

8. Juana (do not feel, does not feel) sick today.

9. Mr. Lopez (do not have, does not have) a house in Seattle.

5.3.b Actividades: En cada línea, marca la oración que sea verdad para ti.

1a._____ My kitchen has a microwave.	1b._____ My kitchen does not have a microwave.
2a._____ My best friend (mejor amigo/a) lives in the United States.	2b._____ My best friend does not live in the United States.
3a._____ I like to swim (*nadar*).	3b._____ I do not like to swim.
4a._____ My bathroom has a shower.	4b._____ My bathroom does not have a shower.
5a._____ I watch television every day.	5b._____ I do not watch television every day.
6a._____ I go to church on Sundays.	6b._____ I do not go to church on Sundays.

5.3.c Actividades: Vuelve a escribir el siguiente párrafo para que cada oración sea negativa.

Andrew has a good life. He has a good job. He works. He goes to the mall. He goes to the park to play soccer. He goes dancing. He has a good family. He has nice friends.

Andrew does not have a good life. He does not have a good job.

5.3.d Actividades: Traduce las siguientes oraciones.

1. No tengo perro.   I do not have a dog.

2. Elena no tiene gato.

3. No tenemos una casa grande.

4. Los estudiantes no tienen una buena maestra.

5. No voy a San Francisco los sábados.

6. No hago mi tarea (*homework*).

5.4   El uso de *Don't* y de *Doesn't*

Si bien es gramaticalmente correcto usar **do not** y **does not**, es mucho más común usar las contracciones **don't** y **doesn't**. En esta sección, aprenderás sobre este tema.

► **Don't** es una contracción que se forma al unir **do** y **not**.

► **Doesn't** es una contracción que se forma al unir **does** y **not**.

Es raro escuchar a alguien decir

► I do not have a job. (No tengo trabajo.)

Es mucho más común escuchar a la gente decir

► I don't have a job. (No tengo trabajo.)

De la misma manera, la gente rara vez dice

► Anita does not have a job. (Anita no tiene trabajo.)

En lugar de eso, dicen

► Anita doesn't have a job. (Anita no tiene trabajo.)

Aquí hay varios ejemplos de oraciones negativas con y sin contracciones.

Oraciones negativas sin contracciones	Oraciones negativas con contracciones
I <u>do not</u> have a brother. (No tengo un hermano.)	**I <u>don't</u> have a brother.** (No tengo un hermano.)
You <u>do not</u> study French. (No estudias francés.)	**You <u>don't</u> study French.** (No estudias francés.)
The nurses <u>do not</u> live in an apartment. (Las enfermeras no viven en un apartamento.)	**The nurses <u>don't</u> live in an apartment.** (Las enfermeras no viven en un apartamento.)
Umberto <u>does not</u> like grapes. (A Umberto no le gustan las uvas.)	**Umberto <u>doesn't</u> like grapes.** (A Umberto no le gustan las uvas.)
Ana <u>does not</u> go to work on Saturdays. (Ana no va al trabajo los sábados.)	**Ana <u>doesn't</u> go to work on Saturdays.** (Ana no va al trabajo los sábados.)
My dress <u>does not</u> need a new button. (Mi vestido no necesita un botón nuevo.)	**My dress <u>doesn't</u> need a new button.** (Mi vestido no necesita un botón nuevo.)

5.4.a Actividades: Transforma cada oración en negativa. En la primera oración, no uses una contracción. En la segunda oración, usa una contracción.

1. Martha works five days a week.

    1a. Martha does not work five days a week.

    1b. Martha doesn't work five days a week.

2. My sister lives in Panama.

    2a. _____

    2b. _____

3. Gabriela and Andrew eat dinner at home on Saturdays.

    3a. _____

    3b. _____

4. Julio speaks Italian.

    4a. _____

    4b. _____

5. I like cheese.

    5a. _____

    5b. _____

6. I have a small kitchen.

    6a. _____

    6b. _____

5.4.b Actividades: Lee el párrafo. Escribe **T** si la oración es **True** (Verdadera) y **F** si es **False** (Falsa).

Our apartment is very small. It doesn't have a bedroom. We sleep on the couch in the living room. The apartment has a very small bathroom. It has a shower but it doesn't have a bathtub (*tina*). It has a very small kitchen. The kitchen doesn't have a table. We eat on the couch in the living room. The apartment is very dark (*oscuro*). We want to move (*mudarnos*), but the rents (*alquileres*) are very expensive. Before we move, we need better jobs (*mejores trabajos*).

1. The apartment is very big.   F

2. The apartment has a bedroom.   _____

3. The living room has a couch.   _____

4. They sleep in the bedroom.   _____

5. Their bathroom has a shower.   _____

6. They eat in the kitchen.   _____

7. They want to move.   _____

8. Rents are cheap.   _____

Una de las partes más confusas de la gramática del inglés es saber cuándo usar **isn't** y cuándo usar **doesn't**. Mira este ejemplo:

¿Sabes por qué se usa **isn't** en la primera oración y **doesn't** en la segunda? Todo depende del verbo. Mira esta oración afirmativa:

> ▸ Antonio is happy.

El verbo es **is**, una forma del verbo **to be**.

Para transformar esta oración en negativa, se dice:

> ▸ Antonio is not happy. / Antonio isn't happy.*

Ahora mira esta oración afirmativa.

> ▸ He has a girlfriend.

El verbo es **has**. Como **has** no es una forma del verbo **to be**, se usa **does not** o **doesn't** para transformar esta oración en negativa. Se dice:

> ▸ He does not have a girlfriend / He doesn't have a girlfriend.

Receta de gramática:

> ▸ Cuando una oración afirmativa incluye una forma del verbo **to be** (**ser** o **estar**), agrega **not** después del verbo para transformar la oración en negativa. También puedes reemplazar el verbo con la contracción negativa correspondiente del verbo **to be**.
>
> > I am tired. -------> I am not tired. / I'm not tired.

> ▸ Cuando una oración afirmativa incluye un verbo en *simple present* que no es una forma del verbo **to be**, para hacer que la oración sea negativa, generalmente se pone **do not**, **don't**, **does not** o **doesn't** antes del verbo.
>
> > I work. -------> I do not work. / I don't work.

Estudia este gráfico.*

Oración afirmativa	¿Es el verbo una forma de to be?	Oración negativa
Lucas <u>is</u> a doctor. (Lucas es médico.)	Sí, por lo tanto agrega **not** después del verbo en la oración negativa.	**Lucas <u>is not</u> a doctor. Lucas <u>isn't</u> a doctor.** (Lucas no es médico.)
Lucas <u>has</u> a doctor. (Lucas tiene médico.)	No, por lo tanto usa **does not** o **doesn't** en la oración negativa.	**Lucas <u>does not</u> have a doctor. Lucas <u>doesn't</u> have a doctor.** (Lucas no tiene médico.)

*Si necesitas repasar las contracciones con el verbo **to be**, dirígete al apéndice B.

5.5.a Actividades: Subraya la respuesta correcta.

1. She _____ my mother.   a. <u>isn't</u> b. doesn't

2. I _____ eat lunch at 2:00.   a. am not b. don't

3. He _____ at school.   a. isn't b. doesn't

4. Eva _____ get up at 8:30.   a. isn't b. doesn't

5. I _____ speak French.   a. am not b. don't

6. We _____ study every day.   a. aren't b. don't

7. The men _____ hungry.   a. aren't b. don't

8. Ana _____ live in Oregon.   a. isn't b. doesn't

9. They _____ in Texas.   a. aren't b. don't

10. I _____ have a break.   a. am not b. don't

5.5.b Actividades: Transforma cada oración en negativa. Cuando se pueda, usa contracciones.

1. I live in Hawaii.   I don't live in Hawaii.

2. We have a dog.

3. I am tired.

4. She works at a restaurant.

5. Juana needs a car.

6. Her garden is beautiful.

7. The cooks are tired.

8. We study English every day.

9. My son has a good teacher.

10. Andrea is my cousin.

5.5.c Actividades: Transforma este párrafo en negativo. Donde se pueda, usa contracciones.

I'm happy. I like my job. My job is interesting. I have enough (*suficiente*) money. I'm in love with my husband. I live in a nice house. I have a yard. I like my life.

I'm not happy. I don't like my job.

5.5.d Actividades: Una de las oraciones en cada línea no es correcta. Tacha la oración incorrecta.

1a. ~~I no living in Texas.~~
1b. I don't live in Texas.
2a. Louisa isn't a doctor.
2b. Louisa doesn't a doctor.
3a. My brother doesn't have a job.
3b. My brother isn't has a job.
4a. Patricia isn't a student.
4b. Patricia no is student.
5a. My father no is work at that restaurant.
5b. My father doesn't work at that restaurant.
6a. We no like Chinese food.
6b. We don't like Chinese food.
7a. The laundromat isn't closed (*cerrada*).
7b. The laundromat doesn't is closed.
8a. We don't aren't married.
8b. We aren't married.

En esta sección, aprenderás a hacer preguntas cerradas con **do** y **does**. Recuerda que una pregunta cerrada es una pregunta cuya respuesta por lo general es **yes** o **no**. Aquí está la estructura:

Verbo **do** o **does**	Sujeto	Verbo principal	Resto de la oración	Traducción en español
Do	you	have	a job?	¿Tienes trabajo?
Does	Anita	have	a job?	¿Tiene trabajo Anita?

Observa lo siguiente:

► La pregunta cerrada comienza con **Does** cuando el sujeto de la oración es **he**, **she**, **it**, o un hombre, una mujer o una cosa que no es **I** ni **you**.

► Todas las demás veces, la pregunta empieza con **Do**.

A continuación hay más ejemplos de preguntas cerradas que comienzan con **do** o **does**.

► Do you play soccer twice a week? (¿Juegas al fútbol dos veces por semana?)

► Do your parents need a car? (¿Necesitan un carro tus padres?)

► Does your sister have a job? (¿Tiene trabajo tu hermana?)

► Does Mario work five days a week? (¿Trabaja cinco días por semana Mario?)

Aprenderás cómo responder estas preguntas en la siguiente sección.

Repaso de gramática: Otro tipo de preguntas cerradas

Como ya sabes, no todas las preguntas cerradas comienzan con **Do** o **Does**. Aquí hay algunos ejemplos de preguntas cerradas que empiezan con una forma del verbo **to be**:

► Are you tired? (¿Estás cansado? ¿Estás cansada?)

► Is your brother in Mexico? (¿Está en México tu hermano?)

► Are your friends from China? (¿Son de China tus amigos?)

Y aquí hay algunos ejemplos de preguntas cerradas que comienzan con **Is there** o **Are there**:

► Is there a pencil in your backpack? (¿Hay un lápiz en tu mochila?)

► Are there students from Russia in your class? (¿Hay estudiantes de Rusia en tu clase?)

Si quieres repasar preguntas que comienzan con el verbo **to be**, dirígete a *Gramática del inglés: Paso a paso 1*. Para repasar preguntas con **Is there/Are there**, fíjate en el capítulo 3 de este libro.

5.6.a Actividades: En la primera columna, escribe **Q** si la oración es una **question** (pregunta) y **S** si la oración es un **statement** (declaración). En la segunda columna, escribe un punto (**.**) o un signo de interrogación (**?**).

	Is this a statement or a question?	Punctuation
1. Do you like pizza	1a. Q	1b. ?
2. Do you have a job	2a.	2b.
3. Juan doesn't work at night	3a.	3b.
4. We don't have books in Spanish	4a.	4b.
5. She doesn't live in an apartment	5a.	5b.
6. Does Amelia work here	6a.	6b.
7. Do you need a ticket (*boleto*)	7a.	7b.
8. Does your husband speak English	8a.	8b.

5.6.b Actividades: Ordena las palabras para formar una pregunta. No te olvides de terminar cada pregunta con un signo de interrogación (?).

1. you / work / Do   Do   you   work?
2. you / speak / Do / English
3. like / Do / apples / you
4. Do / in / you / live / Canada
5. car / you / need / Do / a
6. soccer / you / Do / play
7. Ana / Spanish / speak / Does
8. Does / here / Jose / live

5.6.c Actividades: Lee la historia. Luego completa las preguntas con do o does. Después responde con una de las respuestas.

Yes, she does.	Yes, he does.	Yes, they do.
No, she doesn't.	No, he doesn't.	No, they don't.

It is Saturday afternoon. Patricia Romanoff and Alexander Mendoza feel lonely (*solitarios/solos*). They are married but don't have children. They don't have many friends. They are poor (*pobres*). Patricia wants to buy a sofa, but she doesn't have money. Alexander wants to buy a car, but he doesn't have money. They go to a movie (*película*). They like the movie. It is very funny (*chistosa*). Then, they feel much better.

1a. _Do_ Patricia and Alexander have children?   1b. _No, they don't._

2a. _____ Patricia and Alexander have many friends?   2b. _____

3a. _____ Patricia and Alexander have a lot of money?   3b. _____

4a. _____ Patricia want to buy a sofa?   4b. _____

5a. _____ Alexander want to buy a car?   5b. _____

6a. _____ they go to a movie?   6b. _____

7a. _____ they feel better after the movie?   7b. _____

Ahora que sabes cómo hacer preguntas cerradas, estás listo para responderlas. Observa esta conversación entre dos amigos mientras esperan el autobús.

▶ No hay traducciones completas en español de las respuestas a estas preguntas cerradas. Esto es porque en español, por lo general, este tipo de preguntas se responde con un simple **sí** o **no**.

▶ Debido a que **don't** es la contracción de **do not**, la primera pregunta también se podría responder:

> No, I do not.

▶ También se pueden dar respuestas largas a estas preguntas. Por ejemplo, la primera pregunta se podría responder:

> No, I don't have a car. / No, I do not have a car.

Las respuestas largas son correctas pero menos comunes que las respuestas cortas.

Receta de gramática: Para responder preguntas cerradas que tienen **do** or **does**:

▶ Si la pregunta comienza con **do**, se incluye **do**, **do not** o **don't** en la respuesta.

▶ Si la pregunta comienza con **does**, se incluye **does**, **does not** o **doesn't** en la respuesta.

El siguiente cuadro resume cómo responder preguntas cerradas que comienzan con **Do** o **Does.**

Preguntas cerradas y respuestas en inglés

<u>Do</u> you work today? (¿Trabajas hoy?)
Yes, I <u>do</u>. (Sí.)
No, I <u>don't</u>. (No.)
No, I <u>do not</u>. (No.)
	<u>Does</u> Jose work today?
	(¿Trabaja José hoy?)
	<u>Does</u> he work today?
	(¿Trabaja él hoy?
	   Yes, he <u>does</u>. (Sí.)
	   No, he <u>doesn't</u>. (No.)
	   No, he <u>does not</u>. (No.)

<u>Do</u> Mario and Jose work today?
(¿Trabajan Mario y José hoy?)
<u>Do</u> they work today?
(¿Trabajan ellos hoy?)
Yes, they <u>do</u>. (Sí.)
No, they <u>don't</u>. (No.)
No, they <u>do not</u>. (No.)
	<u>Does</u> Anita work today?
	(¿Trabaja Anita hoy?)
	<u>Does</u> she work today?
	(¿Trabaja ella hoy?)
	   Yes, she <u>does</u>. (Sí.)
	   No she <u>doesn't</u>. (No.)
	   No, she <u>does not</u>. (No.)

5.7.a Actividades: Subraya la respuesta correcta.

1. Does your mother live in the U.S?
   a. <u>Yes, she does.</u>   b. Yes, I do.

2. Do you live in California?
   a. Yes, she does.   b. Yes, I do.

3. Does Carlos get up early?
   a. Yes, he does.   b. Yes, I do.

4. Do the students go to school on Saturday?
   a. No, he doesn't.   b. No, they don't.

5. Does Anita play soccer?
   a. No, she doesn't.   b. No, I don't.

6. Does your aunt live here?
   a. No, she doesn't.   b. No, they don't.

7. Does your boss speak Spanish?
   a. Yes, I do.   b. Yes, she does.

8. Do you speak Italian?
   a. No, I don't.   b. No, she doesn't.

5.7.b Actividades: Responde cada pregunta de manera afirmativa. Primero da una respuesta corta. Luego da una respuesta larga.

1. Do you like pizza?

1a. Yes, I do.

1b. Yes, I like pizza.

2. Do you work at a restaurant?

2a. _____

2b. _____

3. Does your sister live in the U.S.?

3a. _____

3b. _____

4. Do your parents speak English?

4a. _____

4b. _____

5.7.c Actividades: Responde cada pregunta de manera negativa. Primero da una respuesta corta. Luego da una respuesta larga.

1. Do you have a job?

1a. No, I don't.

1b. No, I don't have a job.

2. Do you like American food (*comida*)?

2a. _____

2b. _____

3. Does your brother live in Mexico?

3a. _____

3b. _____

4. Does your kitchen have a microwave?

4a. _____

4b. _____

5.8 Yes, I do vs. Yes, I am

Ya tienes algunas ideas para saber cuándo usar **isn't** y cuándo usar **doesn't** en oraciones negativas. Esas mismas reglas se aplican para responder preguntas cerradas. Mira este ejemplo:

¿Sabes por qué la respuesta a la primera pregunta es **Yes, I am** y a la segunda es **Yes, I do**? Porque, otra vez, depende del verbo.

Receta de gramática:

▶ Cuando una pregunta cerrada incluye una forma del verbo **to be** (**ser** o **estar**), se responde con una respuesta corta que incluye una forma del verbo **to be**. (**Yes, I am**; **No, I'm not**; **Yes, she is**; etc.)

▶ Cuando una pregunta cerrada incluye **do** o **does**, se responde con una respuesta corta que incluye **do** o **does**. (**Yes, I do**; **No, I don't**; etc.)

Observa este cuadro:

Preguntas cerradas con do y does	Preguntas cerradas con to be*
Do you have a house in Mexico? (¿Tienes una casa en México?) **Yes, I do.** (Sí.) **No, I do not.** (No.) **No, I don't.** (No.)	**Are you from Mexico?** (¿Eres de México?) **Yes, I am.** (Sí.) **No, I am not.** (No.) **No, I'm not.** (No.)
Do your parents live in Mexico? (¿Viven en México tus padres?) **Yes, they do.** (Sí.) **No, they do not.** (No.) **No, they don't.** (No.)	**Are your parents in Mexico?** (¿Están en México tus padres?) **Yes, they are.** (Sí.) **No, they are not.** (No.) **No, they aren't.** (No.) **No, they're not.** (No.)
Does your sister work in a hospital? (¿Trabaja en un hospital tu hermana?) **Yes, she does.** (Sí.) **No, she doesn't.** (No.) **No, she does not.** (No.)	**Is your sister a doctor?** (¿Es médica tu hermana? **Yes, she is.** (Sí.) **No, she is not.** (No.) **No, she isn't.** (No.) **No, she's not.** (No.)

*Dirígete al apéndice B para ver un repaso de las contracciones con el verbo **to be**.

5.8.a Actividades: Responde estas preguntas sobre ti mismo. Responde con:

Yes, I am.   Yes, I do.

No, I'm not.   No, I don't.

1. Are you married?

2. Are you in love?

3. Do you have a job?

4. Do you like to study English?

5. Do you live in California?

6. Are you at home now?

7. Do you speak Spanish at home?

8. Are you tired right now (*ahora mismo*)?

9. Do you eat breakfast every day?

10. Do you like scary movies? (*películas de miedo*)

11. Are you a good cook?

5.8.b Actividades: Lee la historia. Luego responde las preguntas con

Yes, he is.   Yes, he does.

No, he isn't.   No, he doesn't.

My name is Diego. I am 27 years old. I live in San Francisco. I live in a beautiful house with my wife and two children. I have a dog and two cats. I am a carpenter (*carpintero*). I make furniture (*muebles*). I go to San Francisco Community College two nights a week. I study English. I am from Honduras. My classmates are from many countries.

1. Is Diego 37 years old?   No, he isn't.

2. Does Diego live in San Francisco?

3. Does Diego live in an apartment?

4. Is Diego married?

5. Does Diego have children?

6. Does Diego have pets (*mascotas*)?

7. Is Diego a teacher?

8. Does Diego make furniture?

9. Is Diego a student?

10. Does Diego study English?

11. Does Diego study mathematics?

12. Is Diego from Honduras?

Lee esta conversación para aprender a hacer y responder preguntas que comienzan con interrogativos.

El siguiente cuadro muestra la estructura que se usa para hacer preguntas en el tiempo *simple present* que comienzan con los interrogativos **where** (dónde), **when** (cuándo) y **what time** (a qué hora). También incluye las posibles respuestas a esas preguntas.

Interrogativo	do o does	Sujeto (sustantivo o pronombre)	Infinitivo	Resto de la oración	Respuestas
Where	do	you	play	soccer?	I play soccer at Hoover Park.
Where	does	Adam	play	soccer?	He plays soccer at Baily Park.
When	do	you	play	soccer?	I play soccer on Tuesdays and Thursdays.
When	does	Adam	play	soccer?	He plays soccer on Sundays.
What time	do	you	play	soccer?	I play soccer at 5:30.
What time	does	Adam	play	soccer?	He plays soccer at 11:00.

Fíjate en lo siguiente:

► Si el sujeto es **he, she, it**, o un hombre, una mujer o una cosa, se usa **does**. De lo contrario, se usa **do**.

► Al aprender inglés, mucha gente cree que se debe incluir **do** o **does** al responder una pregunta que incluye **do** o **does**. Por ejemplo:

I do play soccer on Sundays.

He does play soccer at 5:30.

A pesar de que no es incorrecto incluir **do** o **does**, sólo se usa si se quiere poner énfasis.

5.9.a Actividades: Ordena las palabras para formar una pregunta.

1. you /study / do / Where / English <u>Where</u> <u>do.</u> <u>you</u> <u>study</u> <u>English?</u>
2. you / study / do / When / English _____
3. your / do / call / you / family / When _____
4. do / eat / What time / they / dinner _____
5. Luis / Where / does / work _____
6. live / Where / does / Julia _____

5.9.b Actividades: Subraya la respuesta correcta.

1. When does your mother work?

a. <u>She works from Monday to Friday.</u>

b. She works at a restaurant.

2. When do you play soccer?

a. I play soccer in Hooper Park.

b. I play soccer on Tuesdays.

3. What time do you study English?

a. I study English at Brett Adult School.

b. I study English from 8 to 10 p.m.

4. Where do you buy food?

a. I buy food at Andres Market.

b. I buy food on Saturdays.

5. Where does Brenda eat lunch?

a. She eats lunch at Max's Cafe.

b. She eats lunch at noon.

6. What time does your class start?

a. It starts at 9:00.

b. It starts in the afternoon.

7. Where does your sister study English?

a. She studies at San Juan Adult School.

b. She studies Monday to Friday.

8. When do you wash your car?

a. I wash my car on Saturdays.

b. I wash my car at Dedees Car Wash.

5.9.c Actividades: Lee la historia. Luego responde las preguntas. Usa oraciones completas.

Luis is retired (*jubilado*). He gets up at 9:00. He takes a shower. Then, he goes to Charley's Restaurant. He eats breakfast. He always has three eggs. He drinks a cup of coffee. He reads the newspaper and relaxes. In the afternoon, he goes to the park. He talks to his friends. He walks in the park. At 6:00, he goes home and makes dinner. In the evening, he watches TV in his apartment. He goes to sleep at 11:00. The next day, he does the same thing (*lo mismo*).

1. What time does Luis get up? <u>He gets up at 9:00.</u>

2. Does he eat breakfast at home? _____

3. Where does he eat breakfast? _____

4. What does he drink? _____

5. When does he go to the park? _____

6. Where does he walk? _____

7. Does he go home at 6:00? _____

8. What time does he go to sleep? _____

Oraciones negativas con **do** y **does**

Para formar una oración negativa en *simple present* cuando el sujeto es **I**, **we**, **you** o **they**:

► Agrega **do not** o **don't** justo antes del infinitivo del verbo.

Para formar una oración negativa en *simple present* cuando el sujeto es **he**, **she** o **it**, o un hombre, una mujer o un objeto (y no es **I** o **you**):

► Agrega **does not** o **doesn't** justo antes del infinitivo del verbo.

Hacer y responder preguntas cerradas con **do** y **does**

La pregunta cerrada comienza con **Does** cuando el sujeto de la oración es **he**, **she**, **it**, o un hombre, una mujer o una cosa que no es **I** ni **you**. Todas las demás veces, la pregunta empieza con **Do**.

► Si la pregunta comienza con **Do,** se incluye **do**, **do not** o **don't** en la respuesta.

► Si la pregunta comienza con **Does,** se incluye **does**, **does not** o **doesn't** en la respuesta.

Preguntas cerradas y respuestas en inglés	
Do you work today? (¿Trabajas hoy?) Yes, I <u>do</u>. (Sí.) No, I <u>don't</u>. (No.) No, I <u>do not</u>. (No.)	**Does** Jose work today? (¿Trabaja José hoy?) **Does** he work today? (¿Trabaja él hoy?) Yes, he <u>does</u>. (Sí.) No, he <u>doesn't</u>. (No.) No, he <u>does not</u>. (No.)
Do Mario and Jose work today? (¿Trabajan Mario y José hoy?) **Do** they work today? (¿Trabajan ellos hoy?) Yes, they <u>do</u>. (Sí.) No, they <u>don't</u>. (No.) No, they <u>do not</u>. (No.)	**Does** Anita work today? (¿Trabaja Anita hoy?) **Does** she work today? (¿Trabaja ella hoy?) Yes, she <u>does</u>. (Sí.) No she <u>doesn't</u>. (No.) No, she <u>does not</u>. (No.)

Preguntas y respuestas con *where, when* y *what time*

Interrogativo	do o does	Sujeto (sustantivo o pronombre)	Infinitivo	Resto de la oración	Respuesta
Where	do	you	play	soccer?	I play soccer at Hoover Park.
Where	does	Adam	play	soccer?	He plays soccer at Baily Park.
When	do	you	play	soccer?	I play soccer on Tuesdays and Thursdays.
When	does	Adam	play	soccer?	He plays soccer on Sundays.
What time	do	you	play	soccer?	I play soccer at 5:30.
What time	does	Adam	play	soccer?	He plays soccer at 11:00.

¡Más ejercicios!

P5.a Actividades: Transforma cada oración en negativa. Cuando se pueda, usa contracciones.

1. Lisa drives to work. _Lisa doesn't drive to work._

2. Mario goes to Atlas Community College. _____

3. I play soccer on Mondays. _____

4. The students have homework every day. _____

5. We live in Seattle. _____

6. My brother lives in Mexico. _____

7. I work at a restaurant. _____

8. My parents like Chinese food. _____

9. I am tired. _____

10. I eat lunch at 11:30. _____

11. They watch television every night. _____

12. Jose is my uncle. _____

13. My husband wants a dog. _____

14. Mary and Justin have two daughters. _____

15. You are late. _____

P5.b Actividades: Subraya las palabras que correspondan para que la oración sea correcta.

1. Myra (doesn't have, doesn't has) a dog.

2. Ana (doesn't go, doesn't goes) to church on Sunday.

3. The student (doesn't have, doesn't has) a pencil.

4. The nurse (doesn't go, doesn't goes) to the hospital.

5. Antonio (doesn't have, doesn't has) a cat.

6. Mauricio (doesn't do, doesn't does) his homework.

7. The kitchen (doesn't have, doesn't has) a blender.

8. The students (don't go, don't goes) to the library.

9. We (do not, does not) study French.

10. My parents (do not, does not) drive to work.

11. We (don't have, doesn't have) a new car.

12. Lisa (isn't, doesn't) know her cousin Maria.

13. I (am not, do not) at work now.

14. My mother (is not, does not) like meat.

P5.c Actividades: Responde las preguntas con una de las frases. Di la verdad.

Yes, I do.   Yes, I am.

No, I don't.   No, I'm not.

1. Are you at home now? _____
2. Do you have a job? _____
3. Do you like the United States? _____
4. Are you tired today? _____
5. Are you hungry right now? _____

6. Do you read books in English? _____
7. Are you married? _____
8. Are you in love? _____
9. Do you have a computer? _____
10. Do you need a computer? _____

P5.d Actividades: Lee la historia. Luego usa las para responder las preguntas.

Yes, she does.   Yes, they do.   Yes, she is.   Yes, they are.

No, she doesn't.   No, they don't.   No, she isn't.   No, they aren't.

Amanda and Elizabeth are roommates. They live in an apartment. They are cooks. They work at Piñas Mexican Restaurant. But sometimes they argue (*discuten*). Amanda likes the apartment hot. Elizabeth doesn't like the apartment hot. She likes the apartment cold. Amanda likes to sleep late (*tarde*). Elizabeth doesn't like to sleep late. She gets up early (*temprano*). They both like television. But Amanda likes telenovelas. Elizabeth likes sports (*deportes*). One day Amanda moves (*se muda*) to a new apartment. Now they don't argue. They talk on the telephone everyday. They are good friends.

1. Do Amanda and Elizabeth live in a house?   No, they don't.
2. Is Elizabeth a waitress?   _____
3. Do Amanda and Elizabeth argue?   _____
4. Does Amanda like the apartment cold?   _____
5. Does Elizabeth like the apartment cold?   _____
6. Does Amanda like to sleep late?   _____
7. Does Elizabeth like to sleep late?   _____
8. Does Amanda like telenovelas?   _____
9. Does Elizabeth like television?   _____
10. Does Elizabeth move to a different apartment?   _____
11. Are Amanda and Elizabeth friends now?   _____
12. Do they talk on the phone every day?   _____

P5.e Actividades: Ordena las palabras para formar una pregunta. No te olvides de terminar cada pregunta con un signo de interrogación (?).

1. you / work / do / Where   Where   do   you   work?
2. you / work / do / When _____ _____ _____ _____
3. buy / does / shoes / Lucy / Where _____ _____ _____ _____
4. does / play / Where / soccer / Ana _____ _____ _____ _____
5. lunch / you / What time / do / eat _____ _____ _____ _____
6. work / When / does / Jose _____ _____ _____ _____

P5.f Actividades: Subraya la respuesta correcta.

1. Does your sister live in Honduras?
a. <u>Yes, she does.</u>   b. Yes, I do.

2. Are you at work now?
a. Yes, I am.   b. Yes, I do.

3. Is Silvia a doctor?
a. Yes, she is.   b. Yes, she does.

4. Do the painters work on Saturday?
a. No, he doesn't.   b. No, they don't.

5. Are your parents at home?
a. Yes, they are.   b. Yes, they do.

6. Does Frank play tennis every week?
a. No, I don't.   b. No, he doesn't.

7. Does your boss speak Spanish?
a. No, she doesn't.   b. No, they don't.

8. Does your boss speak English?
a. Yes, she is.   b. Yes, she does.

9. Do you speak Italian?
a. No, I don't.   b. No, she I don't.

10. Does Lucinda need a computer?
a. No, she isn't.   b. No, she doesn't.

P5.g Actividades: Traduce las siguientes oraciones. Cuando se pueda, usa contracciones.

1. No tengo carro. _____ I don't have a car. _____

2. Mi hija no es enfermera. Es doctor. _____

3. Mi madre no vive en Houston. Vive en Atlanta. _____

4. Tengo dos trabajos (*jobs*). _____

5. Mis hermanas no hablan inglés. _____

6. Mi cocina no es grande. Es pequeña. _____

7. Mi esposo no quiere un perro. _____

8. No estoy feliz porque (*because*) no tengo carro. _____

9. A mi hija no le gusta la pizza. _____

10. Mis amigos no están en el parque. Están en la escuela. _____

P5.h Actividades: Traduce las siguientes preguntas.

1. ¿Tienes carro? _____ Do you have a car? _____

2. ¿Hablas inglés? _____

3. ¿Vives en Chicago? _____

4. ¿Te sientes enfermo? _____

5. ¿Trabajas en Pop's Pizza? _____

6. ¿Tu hermana tiene carro? _____

7. ¿Tu hermano habla inglés? _____

8. ¿Liliana vive en Miami? _____

Capítulo 6

I'm studying English now.
(En este momento estoy estudiando inglés.)

En los últimos dos capítulos, aprendiste a hablar de actividades que son parte de tu rutina. En este capítulo, aprenderás a hablar de lo que estás haciendo en este momento. Para hacer esto, se usa el *present progressive tense (tiempo verbal presente continuo)*.

Al finalizar este capítulo, podrás:

- Usar verbos en presente continuo en oraciones afirmativas y negativas
- Escribir verbos en presente continuo
- Hacer y responder preguntas acerca de lo que estás haciendo en este momento
- Saber cuándo usar verbos en *simple present* y cuándo usar verbos en *present progressive*

El inglés y el español tienen dos tiempos que se usan para hablar de las actividades que ocurren en el *simple present* (*presente simple*) y *present progressive* o *present continuous* (*presente continuo*).

► Se usa el tiempo *simple present* para hablar de actividades que se realizan con regularidad, para hablar de hechos y para expresar sentimientos.

► Se usa el tiempo *present progressive* para hablar de lo que uno está haciendo en este momento.

Observa esta conversación:

What are you doing?
(¿Qué estás haciendo?
¿Qué haces?)

I'm studying English.
(Estoy estudiando inglés.
Estudio inglés.)

Inglés comparado con español: Fíjate que en la conversación hay dos traducciones para **What are you doing?** y para **I am studying English.** Al hablar de lo que están haciendo, es común que los hispanohablantes usen tanto el tiempo *simple present* como el tiempo *present progressive*. Por otro lado, los anglohablantes casi siempre usan el tiempo *present progressive* para hablar acerca de lo que está sucediendo en este momento.

El verbo en *present progressive* tiene dos partes:

► La forma del verbo **to be**, que concuerda con el sujeto de la oración. Ten en cuenta que en este caso, el verbo **to be** actúa como un verbo auxiliar.

► El *gerundio* (el infinitivo del verbo seguido de **ing**). En inglés se llama *present participle*.

Inglés comparado con español: En español, el gerundio es cuando un verbo termina en ando o iendo. Por ejemplo, hablando, comiendo y trabajando.

Las oraciones en tiempo *present progressive* tienen la siguiente estructura:

Sujeto (sustantivo o pronombre)	Verbo to be	*Present participle*	Traducción en español
I	am	working	Yo estoy trabajando. Yo trabajo.

El siguiente cuadro muestra cómo se conjugan los verbos en *present progressive*.

I **am working.**	He **is working.**	We **are working.**
	She **is working.**	You **are working.**
	It **is working.**	They **are working.**

Fíjate que la forma del verbo con **ing**, el *present participle*, nunca cambia, sea cual sea la forma del verbo **to be** que esté antes.

6.1.a Actividades: Subraya el *present participle*. Recuerda que el *present participle* termina en **ing**.

1. talks	<u>talking</u>	talk
2. work	works	working
3. eats	eat	eating
4. plays	playing	play
5. going	go	goes
6. do	doing	does
7. brushing	brush	brushes
8. cleans	clean	cleaning

6.1.b Actividades: Usa el tiempo verbal *present progressive* y escribe la forma correcta del verbo **sleep** (dormir) para completar cada oración.

1. I ___am___ sleeping.

2. You _____

3. He _____

4. She _____

5. It _____

6. We _____

7. Edgar _____

8. Sam _____

9. The children _____

10. Ed and I _____

11. The men _____

12. That woman _____

6.1.c Actividades: Usa el tiempo verbal *present progressive* y escribe la forma correcta del verbo **work** (trabajar) para completar cada oración.

1. I ___am___ working.

2. You _____

3. He _____

4. She _____

5. It _____

6. We _____

7. Edgar _____

8. The teacher _____

9. That man _____

10. Dan and Jim _____

11. Bob and I _____

12. The women _____

6.1.d Actividades: Usa el tiempo verbal *present progressive* y escribe la forma correcta del verbo **read** (leer) para completar cada oración.

1. We ___are___ reading.

2. You _____

3. Arnold _____

4. She _____

5. I _____

6. The teachers _____

7. That child _____

8. Peter _____

6.2   Escribir verbos en tiempo *present progressive*

Como ahora sabes, el *present participle* por lo general se forma agregando **ing** al infinitivo del verbo. Sin embargo, existen algunos *present participles* que se escriben de una manera un poco distinta. En esta página explicamos cómo escribir estas excepciones.

Verbos terminados en **e** precedida de una consonante

Mira el verbo **dance** (bailar). El *present participle* de **dance** es **dancing**, no ~~danceing.~~ ¿Cómo sabes? Sigue esta regla:

> ► Si el infinitivo de un verbo termina en **e** precedida de una consonante, el *present participle* se crea borrando la **e** y agregando **ing**.

El infinitivo **dance** termina en **e** precedida de la consonante **c**, así que se borra la **e** y se agrega **ing**.

A continuación hay algunos verbos en los que se aplica esta regla:

Vocabulario: Verbos terminados en **e** precedida de una consonante		
make/making (hacer/haciendo)	**take/taking** (llevar/llevando, tomar/tomando)	**dance/dancing** (bailar/bailando)
prepare/preparing (preparar/preparando)	**drive/driving** (manejar/ manejando)	

Verbos terminados en consonante precedida de una vocal

Mira el verbo **cut** (cortar). El *present participle* es **cutting**, no ~~cuting~~. ¿Cómo puedes saber esto? Sigue esta regla:

> ► Si el infinitivo de un verbo tiene sólo una sílaba y termina en consonante precedida de una vocal, el *present participle* se crea escribiendo la consonante dos veces y agregando **ing**.

El infinitivo **cut** termina en consonante, **t**, precedida de una vocal, **u**, así que se escribe dos veces la **t** antes de agregar **ing**. Ten en cuenta que esta regla no se aplica a los verbos terminados en **x**, **y** o **w**.

Aquí hay algunos ejemplos de verbos a los que se aplica esta regla:

Vocabulario: Verbos terminados en consonante precedida de una vocal	
run/running (correr/ corriendo)	**put/putting** (poner/poniendo)
sit/sitting (sentarse/sentándose)	**cut/cutting** (cortar/cortando)

6.2.a Actividades: Completa con el *present participle*.

1. fix   fixing
2. watch
3. study
4. relax
5. speak
6. pay
7. go
8. sit

9. brush
10. write (*escribir*)
11. carry
12. put
13. play
14. listen (*escuchar*)
15. run
16. drive

6.2.b Actividades: Elige el verbo correcto de la siguiente lista. Luego escribe el forma del verbo **to be** y el *present participle* de ese verbo para completar la oración. Usa cada verbo sólo una vez.

brush	drive	take	play
watch	speak	prepare	cut

1. My mother   is preparing   dinner.
2. We _____ to work.
3. My friends _____ television.
4. Luis _____ a shower.
5. I _____ my teeth.
6. I don't understand because they _____ French.
7. I _____ the pizza.
8. The girls _____ baseball in the park.

6.2.c Actividades: Traduce las siguientes oraciones.

1. Estoy leyendo un libro.   I am reading a book.
2. Susan está bailando.
3. Irma está mirando televisión.
4. Estamos estudiando inglés.
5. Las niñas están durmiendo.
6. Lilian está trabajando y Lucas está en la escuela.

6.3 Oraciones negativas

Es fácil formar oraciones negativas que tengan un verbo en *present progressive*: usa la forma correcta del verbo **to be** seguida de **not**, seguida del *present participle* o de la forma del verbo con **ing**. Por ejemplo:

▶ **He is not studying.** (Él no está estudiando. Él no estudia.)

Las oraciones negativas en *present progressive* tienen la siguiente estructura:

Sujeto	Verbo to be	not	*Present participle*	Traducción en español
I	am	not	working.	No estoy trabajando. No trabajo.

Aquí hay algunos ejemplos de oraciones afirmativas y oraciones negativas que tienen verbos en *present progressive*.

Oraciones afirmativas	Oraciones negativas
I am studying.	I am <u>not</u> studying.
We are studying.	We are <u>not</u> studying.
They are studying.	They are <u>not</u> studying.

Errores comunes con los verbos en *present progressive*

Un error común que comete la gente que está aprendiendo a usar los verbos en *present progressive* es incluir el *present participle* pero no incluir el verbo **to be**. Éste es el caso de las oraciones de la columna de la derecha en el siguiente cuadro.

Oraciones correctas	Oraciones incorrectas
I am eating breakfast.	I ~~eating~~ breakfast.
She is watching TV.	She ~~watching~~ TV.
Luis and Henry are not playing soccer.	Luis and Henry ~~not playing~~ soccer. Luis and Henry ~~no playing~~ soccer.

Otro error común es no agregar **ing** al infinitivo del verbo. Éste es el caso de las oraciones de la columna de la derecha en el siguiente cuadro.

Oraciones correctas	Oraciones incorrectas
I am eating breakfast.	I ~~am eat~~ breakfast.
She is watching TV.	She ~~is watch~~ TV.
Luis and Henry are not playing soccer.	Luis and Henry ~~are not play~~ soccer. Luis and Henry ~~no play~~ soccer.

6.3.a Actividades: Transforma las siguientes oraciones afirmativas en negativas.. No uses contracciones.

1. I am working.   I am not working.

2. They are watching television.   _____

3. She is reading.   _____

4. We are driving home from work.   _____

5. It is raining (lloviendo).   _____

6. They are running in the park.   _____

7. He is preparing lunch.   _____

8. I am talking to my sister.   _____

9. We are walking to the mall.   _____

6.3.b Actividades: Cada una de las siguientes oraciones contiene un error, que está subrayado. Vuelve a escribir las oraciones de la manera correcta con los verbos en *present progressive*.

1. I am study Spanish.   I am studying Spanish.

2. The students are play soccer.   _____

3. We are no working now.   _____

4. The children playing at the park.   _____

5. They are read now.   _____

6. Laura she sitting in the kitchen.   _____

7. Antonio is sleep now.   _____

8. My parents not visit my sister.   _____

9. I am no sleeping.   _____

10. They no talking.   _____

6.3.c Actividades: Traduce las siguientes oraciones. No uses contracciones.

1. No estoy trabajando ahora.   I am not working now.

2. No estoy estudiando ahora.   _____

3. Marlene no está durmiendo.   _____

4. Los niños no están jugando ahora.   _____

5. Mi padre no está comiendo.   _____

Contracciones

Como sabes, una *contracción* es una palabra que se forma al combinar otras dos palabras. Con frecuencia usarás contracciones afirmativas y negativas con el verbo **to be** cuando estés usando el *present progressive*. Observa esta conversación.

What is Carlos doing?
(¿Qué está haciendo Carlos?
¿Qué hace Carlos?)

He's playing video games. He isn't doing his homework. (Está jugando a los videojuegos./Juega a los videojuegos. No está haciendo la tarea./ No hace la tarea.)

▶ La contracción **he's** es una forma corta de **he is.**

▶ La contracción **isn't** es una forma corta de **is not.**

Usar contracciones con verbos en *present progressive* es fácil: usa la contracción adecuada con el verbo **to be,** ya sea afirmativa o negativa, seguida del present participle.

Las oraciones afirmativas con contracciones en *present progressive* tienen la siguiente estructura:

Contracción con pronombre y el verbo to be*	*Present participle*	Traducción en español
He's	working.	Él está trabajando. Él trabaja.

Las oraciones negativas con contracciones en *present progressive* tienen la siguiente estructura:

Sujeto y contracción negativa*	*Present participle*	Traducción en español
He isn't	working.	Él no está trabajando. Él no trabaja.
He's not	working.	

Aquí hay más ejemplos.

▶ **I'm working.** (Yo estoy trabajando. Yo trabajo.)

▶ **I'm not working.** (Yo no estoy trabajando. Yo no trabajo.)

▶ **They're reading.** (Ellos están leyendo. Ellos leen.)

▶ **They're not reading. They aren't reading.** (Ellos no están leyendo. Ellos no leen.)

▶ **He's playing soccer.** (Él está jugando al fútbol. Él juega al fútbol.)

▶ **He's not playing soccer. He isn't playing soccer.** (Él no está jugando al fútbol. Él no juega al fútbol.)

*Dirígete al apéndice B para ver un repaso de las contracciones con el verbo **to be**.

6.4.a Actividades: Vuelve a escribir estas oraciones afirmativas usando contracciones

1. I am reading.   I'm reading.

2. They are playing soccer.

3. She is working.

4. We are walking to work.

5. It is raining (*lloviendo*).

6. They are carrying their books.

7. He is repairing his car.

8. I am taking a shower.

6.4.b Actividades: Vuelve a escribir estas oraciones negativas usando contracciones.

1. She is not working today.   She isn't working today.

2. They are not brushing their teeth.

3. She is not taking a shower.

4. We are not visiting your parents.

5. It is not raining.

6. He is not sitting in his car.

7. He is not talking to his girlfriend.

8. I am not playing the violin.

6.4.c Actividades: Cada una de las siguientes oraciones contiene un error, que está subrayado. Vuelve a escribir las oraciones de la manera correcta con contracciones y los verbos en *present progressive*.

1. I <u>am study</u> French.   I'm studying French.

2. They <u>are work</u> at an airport (*aeropuerto*).

3. We <u>no work</u> six days a week.

4. He <u>no is walk</u> to school.

5. They <u>no listen</u> to music.

6. We <u>reading</u> in the kitchen.

7. She <u>no is sleep</u> now.

8. I <u>am visit</u> my daughter in Colorado.

6.5 Preguntas cerradas y respuestas

Para aprender acerca de preguntas cerradas con verbos en *present progressive*, lee esta conversación por celular entre madre e hija.

Receta de gramática: Para crear una pregunta cerrada en *present progressive*:

► Comienza con la forma adecuada del verbo **to be**

► Agrega el sujeto (un sustantivo o un pronombre)

► Agrega el *present participle*

Las preguntas cerradas que tienen un verbo en *present progressive* tienen la siguiente estructura:

Verbo **to be**	Sujeto (sustantivo o pronombre)	*Present participle*	Traducción en español
Are	**you**	**studying?**	¿Estás estudiando? ¿Estudias?

Esas preguntas se responden de la misma manera que se responden otras preguntas cerradas con el verbo **to be**. Estudia este cuadro.

Preguntas cerradas con verbos en *present progressive*

Are you studying?
Yes, I am.
No, I am not.
No, I'm not.

Are Laura and I studying? Are we studying?
Yes, we are.
No, we are not.
No, we're not. No we aren't.

Is Peter studying? Is he studying?
Yes, he is.
No, he is not.
No, he isn't. No, he's not.

Are the boys studying? Are they studying?
Yes, they are.
No, they are not.
No, they're not. No, they aren't.

Is Ana studying? Is she studying?
Yes, she is.
No, she is not.
No, she isn't. No, she's not.

6.5.a Actividades: Empieza cada pregunta con **Is** o **Are.** Luego observa la imagen y responde cada pregunta usando las respuestas a continuación:

Yes, he is.   Yes, she is.   Yes, they are.

No, he isn't.   No, she isn't.   No, they aren't.

1. ___Are___ the parents playing with their children?   No, they aren't.

2. _____ Dad talking to his children? _____

3. _____ Mom sitting (*sentada*) next to Dad? _____

4. _____ Mom reading? _____

5. _____ the parents singing (*cantando*)? _____

6. _____ the children at home? _____

7. _____ the children at the park? _____

8. _____ the boy playing with a car? _____

9. _____ the boy playing with his sister? _____

10. _____ the girl playing with a ball? _____

11. _____ the girl talking to her mother? _____

6.5.b Actividades: Ordena las palabras para formar una pregunta. No te olvides de terminar cada pregunta con un signo de interrogación (?).

1. you / working / Are ____Are____ ____you____ ____working?____

2. now / working / Is / Juana _____ _____ _____

3. you / going / home / Are _____

4. Is / studying / Caroline / now _____

5. they /Are / home / at _____

6. dinner / Is / Ernesto / eating _____

7. sleeping / you /Are _____

8. Does / here / Jose / live _____

Comúnmente se usan las preguntas con interrogativos y verbos en *present progressive* para preguntarle a alguien qué está haciendo y adónde va.

Las preguntas con interrogativos que tienen un verbo en *present progressive* tienen la siguiente estructura:

Interrogativo	Verbo to be	Sujeto	*Present participle*	Traducción en español
Where	are	you	going?	¿Adónde vas?
What	is	Juan	doing?	¿Qué hace Juan?
When	are	they	working?	¿Cuándo trabajan ellos?

Aquí están las respuestas para las preguntas de arriba.

Sujeto	Verbo to be	*Present participle*	Resto de la oración	Traducción en español
I	am	going	to work.	Estoy yendo al trabajo. Voy al trabajo.
He	is	watching	television.	Él está mirando televisión. Él mira televisión.
They	are	working	in the morning.	Ellos están trabajando por la mañana. Ellos trabajan por la mañana.

Aquí hay más preguntas y sus respuestas:

- ► Where are the students going? They're going to their class.
- ► What are they studying? They are studying mathematics.
- ► Why are they studying? They are studying because (*porque*) they have an exam.

6.6.a Actividades: Responde las preguntas acerca de los alumnos en el aula. Usa verbos en *present progressive*. Cuando se pueda, usa contracciones. Usa cada verbo una sola vez.

drink   eat   read   sleep   talk   write

| Ana | Luke | Bev | Alex | Mark | Lucy | Sue | Miguel |

1. What is Ana doing?   She's reading.

2. What is Luke doing?

3. What are Bev and Alex doing?

4. What is Mark doing?

5. What are Lucy and Sue doing?

6. What is Miguel doing?

6.6.b Actividades: Cada pregunta tiene una respuesta. Escribe sobre la línea la letra de la respuesta correcta.

_e._ 1. Are you sleeping?
_____ 2. What are you listening to?
_____ 3. What is Carlos doing?
_____ 4. Why are you studying?
_____ 5. Where is Emily going?
_____ 6. What are you watching?
_____ 7. What is Carla reading?
_____ 8. Is your sister playing soccer?

a. I am watching a movie.
b. I am listening to music.
c. Because I have a test (*una prueba/un examen*).
d. She is going to San Francisco.
e. No, I'm not.
f. He is playing basketball.
g. No, she isn't.
h. She is reading the newspaper (*el periódico*)

6.6.c Actividades: Cada oración contiene un error. Vuelve a escribir cada oración de la manera correcta. En todas las oraciones debes usar el tiempo *present progressive*.

1. What you doing?   What are you doing?

2. Where you going?

3. Why you crying (*llorando*)?

4. What Alberto doing?

5. Where he going?

6.7 Verbos en *present progressive* vs. verbos en *simple present*

Uno de los aspectos más difíciles de aprender inglés es saber cuándo usar verbos en *simple present* y cuándo usar verbos en *present progressive*. Mira esta conversación entre dos hermanos.

La primera conversación usa el tiempo *present progressive* porque están hablando de una actividad que ocurre en este momento. La segunda conversación usa el tiempo *simple present* porque hablan de una actividad habitual.

Este cuadro resume la forma en que se usan estos dos tiempos, pero no es una lista final. Hay muchas diferencias sutiles que aprenderás a medida que continúes el estudio del inglés.

Tiempo verbal	Cuándo se usa este tiempo verbal	Ejemplos
*Present progressive**	Para hablar de acciones que están ocurriendo en este momento	Juan is eating lunch now.
Simple present	Para hablar de acciones habituales	I always eat lunch at 1:00.
	Para describir hechos, sentimientos y deseos**	My mother has three sons. The children like ice cream.

Este cuadro resume la forma en que se usan estos dos tiempos, pero no es una lista final.

	Present progressive	*Simple present*
Oraciones afirmativas y negativas	Lucas <u>is studying</u> now. Lucas <u>is not studying</u> now.	Lucas <u>studies</u> English at home. Lucas <u>doesn't study</u> English at home.
Preguntas cerradas y respuestas	<u>Are</u> you working now? Yes, I <u>am</u>. No, I <u>am not</u>. No, I<u>'m not</u>.	<u>Do</u> you work on Saturdays? Yes, I <u>do</u>. No, I <u>don't</u>.
Preguntas con interrogativos	<u>What are</u> you doing? I <u>am watching</u> TV. I<u>'m watching</u> TV.	<u>What do</u> you usually do on Saturday afternoons? I <u>play</u> soccer.

*El tiempo *present progressive* también puede usarse para hablar de acciones que ocurrirán en el futuro, pero no hablaremos de ese tema en este libro.

**A veces se usan verbos en *present progressive* para hablar de hechos y expresar sentimientos y deseos, pero no hablaremos de ese tema en este libro.

6.7.a Actividades: Subraya el verbo que sea el correcto. Luego escribe si el verbo está en *simple present* o *present progressive*.

1. I (study, <u>am studying</u>) now.
   _____*present progressive*_____

2. My uncle (studies, is studying) English every day.
   _____

3. I (know, am knowing) your sister.
   _____

4. Maria always (works, is working) five days a week.
   _____

5. My boyfriend (has, is having) a good job.
   _____

6. I (watch, am watching) TV now.
   _____

7. I usually (watch, am watching) TV in the afternoon.
   _____

8. Quiet! (¡*Cállate!*) We (listen, are listening) to music.
   _____

6.7.b Actividades: Lee la historia. Luego responde las preguntas. Usa las respuestas a continuación.

Yes, he is.   Yes, he does.   No, he isn't.   No, he doesn't.

Henry is a taxi driver (*taxista*). Usually, he works in the morning. But today, Henry is working at night. He usually eats dinner at home. But tonight he is eating dinner in his taxi. Henry's wife works five nights a week at the hospital. She is a nurse. Tonight, Henry's children are home alone. Henry is happy because he is earning a lot of money (*está ganando mucho dinero*). But he is sad because he is not with his children.

1. Is Henry a bus driver?
   _____No, he isn't._____

2. Does Henry usually work at night?
   _____

3. Is Henry working at night now?
   _____

4. Does Henry usually eat dinner at home?
   _____

5. Is Henry eating dinner at home tonight?
   _____

6. Is Henry earning a lot of money tonight?
   _____

6.7.c Actividades: Subraya la respuesta que sea gramaticalmente correcta.

1. Are you studying?   <u>a. Yes, I am.</u>   b. Yes, I do.

2. Do you like pizza?   a. Yes, I am.   b. Yes, I do.

3. Do you work at a restaurant?   a. Yes, I am.   b. Yes, I do.

4. What are you doing now?   a. I relax.   b. I am relaxing.

5. Does your sister speak English?   a. Yes, she is.   b. Yes, she does.

6. What do you do after class?   a. I study.   b. I am studying.

7. Are your parents playing tennis now?   a. Yes, they are.   b. Yes, they do.

8. When do you wash your car?   a. I wash my car on Saturdays.   b. I am washing my car on Saturdays.

9. What time do you go to sleep?   a. I am sleeping at 11:15.   b. I go to sleep at 11:15.

📖 Resumen del capítulo 6

Se usa el tiempo **present progressive** (también llamado **present continuous**) para hablar de lo que uno está haciendo en un momento determinado.

El siguiente cuadro muestra cómo se conjugan los verbos en *present progressive*.

I am working.	**He is working.**	**We are working.**
	She is working.	**You are working.**
	It is working.	**They are working.**

Las oraciones afirmativas en tiempo *present progressive* tienen la siguiente estructura:

Sujeto y el verbo **to be**	*Present participle* (Infinitivo + **ing**)	Traducción en español
He is	working.	Él está trabajando. Él trabaja.
He's	working.	

Las oraciones negativas en tiempo *present progressive* tienen la siguiente estructura:

Sujeto, el verbo **to be** y **not**	*Present participle* (Infinitivo + **ing**)	Traducción en español
He is not	working.	Él no está trabajando. Él no trabaja.
He isn't	working.	
He's not	working.	

Las oraciones negativas con contracciones en *present progressive* tense

Are you studying?	**Are Laura and I studying? Are we studying?**
Yes, I am.	Yes, we are.
No, I am not.	No, we are not.
No, I'm not.	No, we're not. No, we aren't.
Is Peter studying? Is he studying?	**Are the boys studying? Are they studying?**
Yes, he is.	Yes, they are.
No, he is not.	No, they are not.
No, he isn't. No, he's not.	No, they're not. No, they aren't.
Is Ana studying? Is she studying?	
Yes, she is.	
No, she is not.	
No, she isn't. No, she's not.	

Regla de ortografía:

► Si el infinitivo de un verbo termina en **e** precedida de una consonante, el present participle se crea borrando la **e** y agregando **ing**. (por ejemplo, **drive**, **driving**).

► Si el infinitivo de un verbo tiene sólo una sílaba y termina en una consonante precedida de una vocal, el *present participle* se crea escribiendo la consonante dos veces y agregando **ing** (por ejemplo, **cut**, **cutting**).

¡Más ejercicios!

P6.a Actividades: Escribe el presente participle de cada verbo.

base form	present participle	base form	present participle
1. work	working	9. write	
2. visit		10. brush	
3. drive		11. dance	
4. live		12. put	
5. carry		13. play	
6. sit		14. listen	
7. take		15. run	
8. study		16. sleep	

P6.b Actividades: Observa la imagen y responde cada pregunta usando las respuestas a continuación.

Yes, he is.

No, he isn't.

Yes, she is.

No, she isn't.

Yes, they are.

No, they aren't.

1. Is Luke reading?   No, he isn't.

2. Is Alex eating an apple?

3. Is Alex eating a banana?

4. Is Miguel sleeping?

5. Are Lucy and Sue sleeping?

6. Are Lucy and Sue talking?

7. Are Luke and Bev talking?

8. Is Luke writing?

9. Is Ana reading?

10. Is Mark wearing (*usando*) a hat?

P6.c Actividades: Completa cada pregunta con **Is** o **Are.** Luego responde las preguntas de manera afirmativa, es decir, comienza cada respuesta con **Yes** seguido de una respuesta corta. Luego escribe una respuesta larga. Cuando se pueda, usa contracciones.

1. __Is__ Marcos reading?   1a. __Yes, he is.__

                                                    1b. __Yes, he's reading.__

2. _____ the students studying?   2a. _____

                                                    2b. _____

3. _____ your parents working now?   3a. _____

                                                    3b. _____

4. _____ your uncle playing soccer?   4a. _____

                                                    4b. _____

P6.d Actividades: Completa cada pregunta con **Is** o **Are.** Luego responde las preguntas de manera negativa, es decir, comienza cada respuesta con **No** seguido de una respuesta corta.

1. __Is__ Amanda doing her homework?   1a. No, she isn't.

                                                    1b. No, she isn't doing her homework.

2. _____ Ernesto playing video games?   2a. _____

                                                    2b. _____

3. _____ Ed and Raoul playing tennis?   3a. _____

                                                    3b. _____

4. _____ your aunts playing soccer?   4a. _____

                                                    4b. _____

P6.e Actividades: Una de las oraciones en cada línea no es correcta. Tacha la oración incorrecta.

1a. I am playing soccer.   1b. ~~I am play soccer.~~
2a. He is work now.   2b. He is working now.
3a. I am studying English.   3b. I studying English.
4a. Marcos and Ana are watch TV.   4b. Marcos and Ana are watching TV.
5a. I am not playing tennis.   5b. I no playing tennis.
6a. My boss isn't working today.   6b. My boss no working today.
7a. Lucy is washing her clothes.   7b. Lucy is wash her clothes.
8a. I walking in the park.   8b. I'm walking in the park.

P6.f Actividades: Traduce las siguientes oraciones.

1. Estudio inglés de lunes a viernes.   I study English from Monday to Friday.

2. Estoy estudiando inglés ahora.   _____

3. Angel juega al fútbol dos veces por semana.   _____

4. Angel está jugando al fútbol ahora.   _____

5. Sam no está hablando inglés.

6. Sam no habla inglés en su casa.

7. Estoy caminando a mi escuela ahora.

8. Camino a mi escuela todos los días.

P6.g Actividades: Lee la historia. Luego responde las preguntas. Usa oraciones completas. Cuando se pueda, usa contracciones.

It is an unusual (*raro*) day. Armando is the only employee (*empleado*) at work. Where are the other (*otros*) employees? Angela is at home. Her daughter is sick. Angela is taking her daughter to the doctor. Ben is at home too. He is sick. Marcos is in Mexico. He is visiting his family. Ana is in San Francisco. She is at a meeting. Beatrice's car is broken (*roto*). She is taking her car to the mechanic. Armando is very busy (*ocupado*) today. He is also very tired.

1. Is Armando busy today? Yes, he is.

2. Where is Angela?

3. What is Angela doing?

4. Is Ben at work today?

5. Is Marcos at work?

6. Is Marcos visiting his family?

7. Is Ana at a meeting in Mexico?

8. What is Beatrice doing?

9. Is Armando tired?

P6.h Actividades: Lee esta conversación telefónica entre dos amigos. Luego responde las preguntas. Usa oraciones completas. Cuando se pueda, usa contracciones.

Maria: How are you?

Luis: I'm sick.

Maria: What's wrong? (*¿Cuál es el problema?*)

Luis: I have the flu. (*la gripe*)

Maria: Do you need medicine?

Luis: Yes, I do.

Maria: What are you doing?

Luis: I'm listening to music.

Maria: OK. See you later. (*Nos vemos luego.*)

1. Where is Luis? He's at home.

2. Is Luis sick?

3. What's wrong with Luis?

4. Does Luis need medicine?

5. What is Luis doing now?

Apéndice A: Respuestas a los ejercicios

Capítulo 1

1.1.a 1. boy 2. husband 3. television 4. tired

1.1.b 1. beautiful 2. in 3. happy 4. black 5. at 6. dirty 7. above 8. are

1.1.c 1. doctor 2. white 3. store 4. ball 5. pencil 6. backpack 7. sad 8. happy

1.1.d 1. cashier 2. airplane 3. it 4. person 5. apple 6. dog 7. above 8. student

1.1.e 1. on 2. under 3. in 4. above

1.2.a **kitchen** 1. microwave 2. blender 3. refrigerator 4. counter 5. kitchen sink 6. stove
living room 1. end table 2. chair 3. television 4. sofa/couch 5. coffee table 6. picture
bedroom 1. lamp 2. dresser 3. night table 4. bed
bathroom 1. mirror 2. shower 3. bathroom sink 4. toilet 5. bathtub

1.3.a 1. behind 2. between 3. in front of 4. next to

1.3.b 1b. ~~The table is in the sofa.~~ 2b. ~~The couch is between the end table.~~ 3b. ~~I am on the bedroom.~~ 4a. ~~The blender is in the counter.~~ 5b. ~~She is next her sister.~~ 6a. ~~I am in front my apartment.~~ 7b. ~~The pencil is in the floor.~~ 8a. ~~The store is between the school.~~ 9a. ~~Your shoes are next the window.~~ 10b. ~~The oranges are on the kitchen.~~

1.3.c 1. The books are next to the lamp. 2. The picture is above the sofa. 3. My house is next to the store. 4. My aunt is in the kitchen. 5. Your book is between the notebook and the pen. 6. The chairs are in front of the table. 7. Our car is in front of the house.

1.4.a 1. under 2. between 3. on 4. on 5. next to 6. in front of 7. in front of 8. in

1.4.b 1. Where is the ball? 2. Where are the books? 3. Where are the towels? 4. Where are the socks? 5. Where is the pizza? 6. Where are the students?

1.5.a 1. in 2. at 3. in 4. in 5. at 6. at 7. at 8. at 9. in 10. in 11. in 12. at 13. on 14. in 15. at 16. at

1.5.b 1b. ~~Lisa is in the beach.~~ 2a. ~~Marian is in work.~~ 3a. ~~Maria is in the home.~~ 4b. ~~Our teacher is at the classroom.~~ 5b. ~~I am at the living room.~~ 6a. ~~The book is in the sofa.~~ 7a. ~~My parents are at the work.~~ 8b. ~~My friends are at the Pedros Pizza Restaurant.~~ 9b. ~~Her house is in 8th Ave.~~ 10a. ~~I am no at work.~~ 11a. ~~The students are at the El Pueblo Market.~~ 12b. ~~We are in the beach.~~

1.5.c 1. I am in Chicago. 2. He is in Peru. 3. Juana is from Peru. 4. My friends are at the beach. 5. The students are at the library. 6. Your books are on the bed. 7. The toys are on the floor.

P1.a 1. boy 2. bed 3. she 4. tired 5. green 6. tall 7. they 8. happy

P1.b 1. beautiful 2. in 3. bad 4. new 5. is 6. dirty 7. above 8. we

P1.c 1. nurse 2. kitchen 3. window 4. hot 5. pencil 6. sick 7. school 8. picture

P1.d 1. dresser 2. rabbit 3. on 4. aunt 5. children 6. under 7. above 8. study

P1.e 1a. ~~The books are next the lamp.~~ 2b. ~~The students are on the classroom.~~ 3b. ~~Yvonne is in the home.~~ 4a. ~~The photos are in front the table.~~ 5b. ~~I am at the work.~~ 6b. ~~The dog is between the chair.~~ 7b. ~~My wife is at the Berkeley Adult School.~~ 8a. ~~Susan is at the Benny's Restaurant.~~

P1.f 1. on 2. in front of 3. on 4. between 5. in 6. under 7. behind 8. next to

P1.g 1. in 2. in 3. at 4. at 5. at 6. at 7. at 8. at 9. in 10. in 11. on 12. on 13. on 14. in 15. at 16. at

P1.h 1. Your keys are on the table. 2. My backpack is in the kitchen. 3. Samuel is at church. 4. The students are at the library. 5. Your books are next to the lamp.

P1.i 1. He is at his apartment. 2. He is at work.

3. They are at work. 4. They are at school.
5. She is in her bedroom. 6. He is at the park.
7. They are at the park.

P1.j 1. She is at home. 2. She is at Silver Gym.
3. She is at work. 4. She is at Hoppers
Restaurant. 5. She is at school. 6. She is at the
library. 7. She is at the supermarket. 8. She is
at home.

Capítulo 2

2.1.a 1. trabajo 2. cita 3. descanso 4. fiesta
5. reunión 6. clase

2.1.b 1. appointment 2. class 3. party 4. meeting
5. work 6. break

2.1.c 1. It is at 2 p.m. 2. It is at 8 p.m. 3. It is at 5:00
p.m. 4. It is at 9 a.m. 5. It is at 4 p.m. 6. It is at
11 a.m.

2.1.d 1. The meeting is at 6:00. 2. My class is at 8:30.
3. Your appointment is at 2:15. 4. The party
is from 9:00 to 12:00. 5. Our appointment is
from 3:00 to 4:00. 6. My break is from 10:00 to
10:30.

2.2.a 1. June 7, 2009 2. January 3, 2010
3. November 12, 1999 4. August 17, 2006
5. July 21, 2012 6. September 1, 1996

2.2.b 1. Aug. 24, 2008 2. Mar. 3, 2013
3. Oct. 10, 2007 4. Dec. 1, 1999
5. Feb. 2, 2012 6. Apr. 19, 1986

2.2.c 1. 8/17/1985 2. 5/7/2012 3. 9/11/2001
4. 7/16/1969 5. 11/25/2006 6. 12/25/2012

2.2.d 1. March. 2. Monday 3. Friday 4. Thursday
5. August 6. March 7. Sunday 8. Wednesday
9. December

2.2.e 1a. 3/3 2007 2a. April 4 2009 3b. 1-15/2010
4a. Feb 14 2009 5a. February 3 1999
6b. 7/17-09 7b. Aug 18, 2011 8b. 9/10 2009

2.3.a 1. at 2. on 3. in 4. in 5. on 6. on 7. in 8. at
9. in 10. on 11. on 12. in 13. at 14. on

2.3.b 1. It is on January 22. 2. It is at 1:15 p.m. 3. It
is on August 30. 4. It is at 4:30 p.m. 5. It is at 9
a.m. 6. It is on March 2.

2.3.c 1. on, at 2. at, at 3. in 4. in 5. at, in 6. on
7. in 8. at, on

2.3.d 1. to 2. at 3. at 4. to 5. from 6. from, to

2.4.a 1. a. 46578 2. a. 5/6/91 3. b. M. 4. a. Puebla,
Mexico 5. c. engineer 6. b. 816

2.4.b 1. f 2. h 3. j 4. k 5. l 6. a 7. c 8. e 9. g
10. i 11. d 12. m 13. b 14. n

2.4.c 1. His last name is Montes. 2. His street
address is 2342 6th Ave. 3. He is a
construction worker. 4. His date of birth is
8/3/87. 5. His birthplace is Moralia, Mexico.
6. His area code is 650. 7. His zip code is
95014. 8. His birthday is August 3.

2.5.a 1a. The book of Lucy 2b. The house of Anna
3b. The car of Lisa 4b. The backpack of Chris
5a. The doctor of Mrs. Wilson. 6a. The dog of
Martin 7b. Edgar girlfriend 8a. The teacher of
Antonio

2.5.b 1. Antonio's book is interesting. 2. Rodolfo's
car is broken. 3. Jackie's house is on Union
Street. 4. Alba's shoes are from Mexico.
5. Sandra's bedroom is very clean. 6. Juana's
cousin is handsome. 7. Pedro's father is sick.
8. Barbara's class is interesting.

2.5.c 1. F 2. F 3. T 4. F 5. T 6. F

2.5.d 1. Ana's house is pretty. Ana's house is
beautiful. 2. Ernesto's car is blue. 3. Emily's
dress is expensive. 4. Monica's daughter is
eight years old. 5. Eva's cousin is a nurse.
6. Nick's father is at work.

2.6.a 1a. It is at 6:30. 2b. No, she isn't. 3a. It is
on Mondays. 4a. No, she isn't. 5b. It is at
our school. 6a. It is on Thursday. 7a. It is on
Beacon Street. 8a. It is at 2:00.

2.6.b 1. She is at home. 2. No, he isn't. 3. It is at
8:00. 4. Yes, she is. 5. He is at the park. 6. No,
she isn't. 7. No, she isn't. 8. No, he isn't.

P2.a 1. August 2. June 3. Saturday 4. Monday
5. 2010 6. November 7. April 8. Friday
9. Friday 10. 2014

P2.b 1. on, at 2. in 3. at, at 4. at 5. in 6. in 7. at, in 8. on 9. at 10. at, on 11. in 12. on, in

P2.c 1. from, to 2. to 3. at 4. from, to 5. from, to 6. at

P2.d 1. Where is your apartment? 2. When is your meeting? 3. What time is the party? 4. Where is your sister? 5. When is Juan's class? 6. Where is Jose's house? 7. What is your job? 8. What is her date of birth?

P2.e 1. Her last name is Ramirez. 2. Her area code is 212. 3. No, she isn't. 4. Her date of birth is 2/1/82. 5. Her birthplace is San Salvador, El Salvador. 6. No, it isn't.

P2.f 1. Lana's house is new. 2. Ken's cell phone is broken. 3. Adam's microwave is old. 4. Claudia's brother is handsome. 5. Betty's bedroom is very big. 6. Laura's car is expensive. 7. Maribel's teacher is interesting. 8. Eva's son is sick. 9. Chris' cousin is divorced. 10. Ariana's dress is beautiful.

P2.g 1. It's Tuesday. 2. Her last name is Aguilar. Juana's last name is Aguilar. 3. No, she isn't. 4. It's at 9:00. 5. It's at the clinic. 6. Yes, she is.

P2.h 1a. ~~3/1-2007~~ 2b. ~~June 22 2009~~ 3a. ~~2-15/2010~~ 4a. ~~Dec 26, 2012~~ 5a. ~~February 3 1989.~~ 6a. ~~at morning~~ 7b. ~~at the afternoon~~ 8b. ~~at the night~~ 9b. ~~in 7:30~~ 10a. ~~at the Chavez Restaurant~~ 11b. ~~at the home~~ 12a. ~~at the Ling Pharmacy~~ 13b. ~~the Monday~~ 14b. ~~from 9:00 a 5:00~~

P2.i 1. Pablo's sister is pretty/beautiful. 2. Angel's car is blue. 3. The class is at 9:00. 4. The keys are in the kitchen. 5. I am in Los Angeles. 6. We are at Bruno's house. 7. My appointment is on Monday. 8. My birthday is in July. 9. Your break is from 10:00 to 10:30. 10. Your backpack is in the office.

Capítulo 3

3.1.a 1. There is 2. There is 3. There are 4. There are 5. There is 6. There is

3.1.b 1b. ~~There are a fly in your soup.~~ 2b. ~~There is students from Peru in my class.~~ 3b. ~~There are a toy on the chair.~~ 4a. ~~There are a dogs in the garden.~~ 5a. ~~There are a six children at the park.~~ 6a. ~~There are a TV in the kitchen.~~ 7b. ~~There is two sofas in the living room.~~ 8b. ~~There is end table next to the couch.~~

3.1.c 1. There are dogs in the living room. 2. There are cats in the kitchen. 3. There are erasers in my backpack. 4. There are tables in my bedroom. 5. There are chairs in front of the sofa. 6. There are socks on the floor. 7. There are pizzas in the oven. 8. There are backpacks next to the TV.

3.1.d 1. There is a dog in the bathroom. 2. There are two bathrooms in the house. 3. There are shoes under the bed. 4. There are three pencils on the table. 5. There is a backpack next to the door.

3.2.a 1. There's a towel in the bathroom. 2. No contraction. 3. There's an orange in the kitchen. 4. There's a cat in that classroom. 5. No contraction. 6. No contraction. 7. There's a restaurant next to my school. 8. There's a ball on the floor.

3.2.b 1. They 2. There 3. There 4. They 5. They 6. There

3.2.c 1. They're 2. There are 3. There are 4. They're 5. They're 6. There are

3.2.d 1b. ~~There're dogs in the kitchen.~~ 2a. ~~There're students from China in my class.~~ 3b. ~~There're notebooks on the table~~ 4b. ~~Theres a microwave in the kitchen.~~ 5a. ~~They is a dresser in the living room.~~ 6a. ~~They are two beds in the bedroom.~~ 7b. ~~They are a dog under the table.~~

3.3.a 1. There isn't a hat on the sofa. 2. There isn't a sock on the floor. 3. There isn't a jacket in the living room. 4. There isn't a coat next to the chair. 5. There aren't eggs in the kitchen. 6. There aren't shoes on the floor. 7. There aren't lamps in our bedroom. 8. There aren't pants in the dresser.

3.3.b 1. There's a hat on the bed. 2. There are socks on the bed. 3. There's a shirt on the bed. 4. There's a dress on the bed. 5. There are pants on the bed. 6. There's a jacket on the bed.

3.3.c 1. There isn't a coat on the floor.

2. There aren't jackets on the sofa.   3. There isn't a man in front of the school.   4. There aren't erasers in my backpack.   5. There aren't students at the beach.

3.4.a 1a Q 1b ? 2a S 2b . 3a Q 3b ? 4a S 4b . 5a S 5b . 6a Q 6b ?

3.4.b 1. Is there a dog in the living room? 2. Are there dogs in the living room? 3. Is there rice on the table? 4. Are there maps in your classroom? 5. Is there meat in the microwave? 6. Is there cheese on the table? 7. Are there students in the classroom?

3.4.c 1b. ~~There is a cheese on the table.~~ 2a. ~~Is there a meat in the oven?~~ 3a. ~~There is a rice on the floor.~~ 4a. ~~There are a students from China in my class.~~ 5b. ~~Is there a doctor here.~~ 6a. ~~There are a dogs at the park.~~

3.4.d 1. noncount 2. noncount 3. count 4. count 5. noncount 6. count 7. noncount 8. count 9. count 10. noncount

3.5.a 1a. Yes, there's cheese on the table. 1b. Yes, there is. 2a. No, there isn't a dog under the table. 2b. No, there isn't. 3a. No, there aren't shoes on the table. 3b. No, there aren't. 4a. Yes, there's a broom in front of the table. 4b. Yes, there is. 5a. Yes, there's a ball in front of the dog. 5b. Yes, there is.

3.5.b 1a. Yes, there is. 2b. Yes, there are. 3b. No, there aren't. 4a. Yes, there is. 5b. No, there aren't. 6b. No, there isn't. 7b. Yes, there are. 8b. Yes, there is.

3.6.a 1a. Yes, they are 2c. Yes, I am. 3b. No, they aren't. 4a. No, there isn't. 5b. Yes, there are. 6a. Yes, he is. 7c. Yes, there are. 8b. No, they aren't.

3.6.b 1. No, she isn't. 2. Yes, she is. 3. She's a nurse. 4. Yes, she is. 5. They're from El Salvador. 6. Yes, there are. 7. No, it isn't. 8. No, there aren't. 9. No, there aren't. 10. Yes, they are.

P3.a 1. There is 2. There is 3. There are 4. There are 5. There is 6. There is

P3.b 1. They're 2. There 3. There 4. They're 5. There 6. There

P3.c 1. They 2. There 3. They 4. There 5. They 6. There

P3.d 1a. Q 1b ? 2a. Q 2b ? 3a. S 3b . 4a. Q 4b ? 5a. Q 5b ? 6a. S 6b . 7a Q 7b ?

P3.e 1. Yes, she is. 2. No, there aren't. 3. No, there isn't. 4. Yes, she is. 5. No, there aren't. 6. Yes, there is. 7. Yes, she is.

P3.f 1a. ~~There is a milk in the refrigerator.~~ 2b. ~~There is a cheese on the table.~~ 3a. ~~There is many boys at the park.~~ 4a. ~~There are meat in the kitchen.~~ 5a. ~~There is a books on your dresser.~~ 6b. ~~There is a engineer in our class.~~ 7b. ~~There is three oranges in my backpack.~~

P3.g 1. There's a pencil in my backpack. 2. There's an apple on the table. 3. There are apples on the table. 4. There are four students from Peru in my class. 5. There are two chairs in the living room. 6. There's cheese in the refrigerator. 7. There are pizzas in the oven. 8. There are dogs at the park.

P3.h 1. noncount 2. count 3. count 4. noncount 5. noncount 6. count. 7. noncount. 8. count 9. noncount 10. noncount

P3.i 1a. Yes, there's a cat on the floor. 1b. Yes, there is. 2a. Yes, there are shoes under the couch. 2b. Yes, there are. 3a. No, there aren't socks under the couch. 3b. No, there aren't. 4a. Yes, there's a lamp on the table. 4b. Yes, there is. 5a. No, there aren't two chairs in the living room. 5b. No, there aren't. 6a. Yes, there's a window in the living room. 6b. Yes, there is. 7a. No, there isn't a table in front of the couch. 7b. No, there isn't.

Capítulo 4

4.1.a 1. trabajar 2. jugar 3. comer 4. vivir 5. hablar 6. sentir 7. lavar 8. caminar 9. manejar 10. tener

4.1.b 1. drive 2. work 3. wash 4. play 5. eat 6. like. 7. live. 8. have 9. feel 10. speak

4.1.c 1. <u>Antonio</u> <u>walks</u> to school. 2. <u>Ana</u> <u>feels</u> sad. 3. <u>Lucas</u> <u>is</u> from Mexico. 4. <u>I</u> <u>speak</u> English.

5. <u>Jose and I</u> <u>are</u> in love. **6.** <u>Joe and Ana</u> <u>play</u> soccer at the park. **7.** <u>Andres and Lisa</u> <u>have</u> a new baby. **8.** <u>Luis</u> <u>drives</u> a beautiful car. **9.** <u>We</u> <u>like</u> pizza. **10.** <u>They</u> <u>work</u> at Bobos Restaurant. **11.** <u>Paola</u> <u>speaks</u> Chinese. **12.** <u>Ana</u> <u>feels</u> tired. **13.** <u>I</u> <u>have</u> two dogs. **14.** <u>Andres</u> <u>lives</u> in Los Angeles. **15.** <u>Maria</u> <u>speaks</u> Spanish. **16.** <u>Peter and James</u> <u>like</u> Chinese food.

4.1.d **1.** N **2.** A **3.** A **4.** V **5.** V **6.** A **7.** N **8.** V **9.** V **10.** N **11.** A **12.** N **13.** V **14.** V **15.** N **16.** N **17.** N **18.** N **19.** A **20.** N **21.** A **22.** V **23.** N **24.** V

4.1.e. **1.** bed **2.** Andrew **3.** new **4.** ball **5.** car **6.** house.

4.2.a. **1.** work **2.** works **3.** work **4.** work **5.** works **6.** work

4.2.b. **1.** lives **2.** live **3.** live **4.** live **5.** live **6.** lives

4.2.c. **1.** like **2.** like **3.** like **4.** like **5.** likes **6.** likes

4.2.d **1.** play **2.** lives **3.** eat **4.** speak **5.** work **6.** live **7.** walk **8.** eat **9.** speaks **10.** works **11.** play **12.** like **13.** lives **14.** eats **15.** feel **16.** drives **17.** feels **18.** walk

4.2.e **1b.** ~~I plays soccer.~~ **2a.** ~~He live in a big house.~~ **3b.** ~~I likes watermelon.~~ **4a.** ~~He feel sad.~~ **5b.** ~~We works in Chicago.~~ **6b.** ~~You walks to school.~~ **7b.** ~~She play tennis.~~ **8a.** ~~I walks in the park.~~ **9b.** ~~They works at a restaurant.~~

4.3.a **1.** he **2.** she **3.** they **4.** she **5.** they **6.** we **7.** it **8.** we **9.** he **10.** it **11.** they **12.** they

4.3.b **1.** lives **2.** lives **3.** live **4.** live **5.** live **6.** lives

4.3.c **1.** likes **2.** likes **3.** like **4.** likes **5.** like **6.** likes

4.3.d **1.** speaks **2.** speaks **3.** speak **4.** speak **5.** speak **6.** speaks

4.3.e **1.** plays **2.** live **3.** eat **4.** feels **5.** works **6.** plays **7.** like **8.** feel **9.** work **10.** plays

4.3.f **1.** The students live in Hawaii. **2.** My mother feels happy. **3.** I walk in the park. **4.** Marian and Marcos live in Guadalajara. **5.** Lisa works at Fries Restaurant.

4.4.a **1a.** ~~I am study English.~~ **2a.** ~~They are like the~~

~~United States.~~ **3a.** ~~Susan she is likes soccer.~~ **4b.** ~~I am driver to work.~~ **5b.** ~~You are work today.~~ **6b.** ~~I feeling sad.~~ **7b.** ~~I playing volleyball with my friends.~~ **8a.** ~~I driving to work.~~ **9a.** ~~I having two jobs.~~ **10a.** ~~My friend is lives in Chicago.~~

4.4.b **1.** plays **2.** live **3.** eat **4.** feels **5.** speaks **6.** live **7.** walks **8.** drive **9.** plays **10.** like **11.** like **12.** work **13.** play **14.** drives **15.** play **16.** feel

4.4.c **1.** The engineers <u>work</u> eight hours a day. **2.** I <u>go</u> to class at 2:00. **3.** The children <u>watch</u> television at 3:30. **4.** I <u>study</u> in the kitchen. **5.** Ernesto <u>works</u> at a restaurant. **6.** I <u>have</u> two sisters. **7.** We <u>like</u> Chinese food. **8.** Ana <u>feels</u> sick today. **9.** We <u>live</u> in Seattle. **10.** I <u>eat</u> breakfast at work.

4.5.a **1.** fixes **2.** watches **3.** studies **4.** relaxes **5.** speaks **6.** pays **7.** carries **8.** writes **9.** brushes **10.** feels **11.** plays **12.** listens

4.5.b **1.** carries **2.** study **3.** watches **4.** play **5.** watch **6.** studies **7.** brush **8.** drive **9.** drives **10.** have **11.** brushes **12.** carry

4.5.c **1.** good **2.** cheap **3.** hospital **4.** hair **5.** ball **6.** English **7.** car **8.** happy

4.6.a **1.** have **2.** has **3.** has **4.** has **5.** has **6.** have **7.** has **8.** have **9.** have **10.** have

4.6.b **1.** go **2.** goes **3.** go **4.** goes **5.** go **6.** go **7.** go **8.** goes **9.** go **10.** go

4.6.c **1.** speaks **2.** goes **3.** studies **4.** has **5.** watches **6.** listens **7.** writes **8.** does **9.** works **10.** relaxes **11.** reads **12.** fixes

4.6.d Her name is Ana Banks. She lives in Los Angeles. She has a job. She works at Celia's Restaurant. She is a cashier. She likes her job. She drives to her job. She also studies English. Her class is on Tuesday and Thursday from 7 p.m. to 9 p.m.

4.7.a **1.** She gets up at 6 a.m. **2.** She takes a shower at 6:10 a.m. **3.** She eats breakfast at 6:20 a.m. **4.** She walks to work at 7 a.m. **5.** She eats lunch at 11:30 a.m. **6.** She watches television at 4 p.m. **7.** She prepares dinner at 5:30 p.m. **8.** She goes to class at 7 p.m. **9.** She goes to bed at 10:30 p.m.

4.7.b Las respuestas varían según el estudiante.

4.7.c **1.** F. **2.** T. **3.** F. **4.** T **5.** F **6.** T

4.8.a **1.** I often drink milk. **2.** I always watch TV. **3.** I sometimes play soccer. **4.** I usually eat meat for dinner. **5.** My boss never speaks English. **6.** My teacher usually speaks English. **7.** Amanda's husband never drives to work. **8.** We often listen to music. **9.** My parents never eat Chinese food. **10.** The students sometimes walk to school.

4.8.b Las respuestas varían según el estudiante.

4.8.c **1b.** ~~I play soccer never.~~ **2b.** ~~I take a shower at night usually.~~ **3a.** ~~My sister does always her homework.~~ **4a.** ~~Luisa cooks sometimes dinner.~~ **5a.** ~~My sister studies sometimes English.~~ **6a.** ~~My daughter walks always to school.~~ **7b.** ~~Luke eats dinner usually at home.~~ **8a.** ~~The boys play soccer never on the weekends.~~ **9a.** ~~I feel tired always after work.~~ **10b.** ~~My dog sleeps on my bed usually.~~

4.9.a **1.** I drink soda once a week. **2.** Lionel watches TV five days a week. **3.** Luke plays volleyball every day. **4.** Peter does his homework five days a week. **5.** The students go to the library every day. **6.** Magali goes to church three times a week. **7.** The children eat pizza twice a month. **8.** I go to the beach once a year.

4.9.b Las respuestas varían según el estudiante.

4.9.c **1b.** ~~I brush twice a day my teeth.~~ **2b.** ~~I call once a week my family.~~ **3b.** ~~We five days a week work.~~ **4a.** ~~The students go to the library five day a week.~~ **5a.** ~~My aunt and uncle every year visit Mexico.~~

4.9.d **1.** I work five days a week. **2.** Lucas works six days a week. **3.** I go to Dallas once a week. **4.** My uncle goes to Los Angeles once a month. **5.** Ernesto visits Mexico twice a year.

P4.a **1.** N **2.** A **3.** A **4.** V **5.** N **6.** A **7.** N **8.** N **9.** A **10.** V **11.** A **12.** V **13.** V **14.** N **15.** N **16.** V **17.** N **18.** N **19.** A **20.** N **21.** N **22.** V **23.** V **24.** V

P4.b **1.** work **2.** lives **3.** like **4.** speak **5.** play **6.** has **7.** go **8.** eat **9.** finishes **10.** watches **11.** live **12.** brush **13.** study **14.** works **15.** takes **16.** drive **17.** like **18.** takes **19.** eat **20.** feels **21.** drives **22.** go **23.** needs **24.** study **25.** work **26.** eat **27.** has **28.** go

P4.c **1.** speaks **2.** brushes **3.** has **4.** fixes **5.** carries **6.** relaxes **7.** studies **8.** writes **9.** finishes **10.** reads **11.** does **12.** takes **13.** feels **14.** makes

P4.d Her name is Liliana Garcia. She lives in Dallas, Texas. She is a student. She studies English and math. She goes to Mathews Community College. She also has a job. She is an engineer. She works in a large office. She fixes computers. She likes her job.

P4.e **1.** F **2.** T **3.** F **4.** T **5.** F **6.** F **7.** T **8.** T **9.** F **10.** F **11.** T **12.** F

P4.f **1b.** ~~Hikes soccer.~~ **2b.** ~~I needs a job.~~ **3a.** ~~Angela like watermelon.~~ **4a.** ~~Our living room haves two sofas.~~ **5a.** ~~My sister study English two nights a week.~~ **6a.** ~~My daughter walk to school.~~ **7b.** ~~The boys plays tennis twice a week.~~ **8a.** ~~Julio study English at home.~~

P4.g **1.** I drink coffee once a week. **2.** Pat goes to the gym twice a month. **3.** Phyillis works six days a week. **4.** I wash clothes twice a week. **5.** The students go to the museum once a month. **6.** Leo goes to the beach twice a year.

P4.h Las respuestas varían según el estudiante.

P4.i **1.** I never go to San Francisco. **2.** I always drink coffee in the morning. **3.** My daughter has two jobs. **4.** Ana washes her clothes once a week. **5.** My mother goes to Chicago twice a year. **6.** I work five days a week. **7.** My boss always speaks English. **8.** The students usually walk to school.

Capítulo 5

5.1.a **1.** N. **2.** A **3.** N **4.** A **5.** N **6.** A **7.** A **8.** N **9.** N **10.** N

5.1.b **1.** I do not have a big family. **2.** I do not have a job. **3.** I do not need a job. **4.** I do not like your shirt. **5.** The women do not work on

Tuesdays. **6.** The children do not play soccer once a week. **7.** They do not study English at the university. **8.** We do not get up early.

5.1.c **1.** I do not have a big house. **2.** I do not speak English. **3.** I do not study Spanish. **4.** You do not speak Italian. **5.** We do not need a new sofa. **6.** They do not walk to school. **7.** They do not live in Los Angeles.

5.1.d ~~1a. I no have a job.~~ ~~2b. They not work at Bo's Restaurant.~~ ~~3a. We no like Chinese food.~~ ~~4a. I not work on the weekends.~~ ~~5a. My parents do not living in Canada.~~ ~~6a. I no go to bed at 10:00.~~ ~~7b. My wife no work on Saturdays.~~

5.2.a **1.** Alba does not live in Seattle. **2.** Peter does not live in Washington D.C. **3.** My teacher does not live in Florida. **4.** I do not live in Canada. **5.** We do not live in Boston. **6.** Susan does not speak Spanish. **7.** Ana does not get up early. **8.** Juan does not like Jennifer Lopez. **9.** We do not work in Seattle. **10.** The teachers do not drive to work.

5.2.b **1.** Louisa does not live in Chicago. **2.** Mario does not live in New York. **3.** Angela does not live in Salem. **4.** Bruce and Elizabeth do not live in Paris. **5.** We do not live in Seattle. **6.** My brother does not live in Mexico. **7.** I do not study English at the university. **8.** Armando does not study French. **9.** Lucy does not study English. **10.** I do not play soccer at the park.

5.2.c ~~1b. She do not live in Havana.~~ ~~2a. Louisa no living in Canada.~~ ~~3a. My sister does not lives in Honduras.~~ ~~4b. Patricia does no study English.~~ ~~5a. My mother not does work at the hospital.~~ ~~6b. Raymundo no like his apartment.~~ ~~7b. Alana no is wash her clothes at the laundromat.~~ ~~8a. Laura no feel sick today.~~

5.3.a **1.** does not have **2.** does not go **3.** do not have **4.** does not do **5.** do not speak **6.** do not have **7.** do not go **8.** does not feel **9.** does not have

5.3.b Las respuestas varían según el estudiante.

5.3.c Andrew does not have a good life. He does not have a good job. He does not work. He does not go to the mall. He does not go to the park to play soccer. He does not go dancing. He does

not have a good family. He does not have nice friends.

5.3.d **1.** I do not have a dog. **2.** Elena does not have a cat. **3.** We do not have a big house. **4.** The students do not have a good teacher. **5.** I do not go to San Francisco on Saturdays. **6.** I do not do my homework.

5.4.a **1a.** Martha does not work five days a week. **1b.** Martha doesn't work five days a week. **2a.** My sister does not live in Panama. **2b.** My sister doesn't live in Panama. **3a.** Gabriela and Andrew do not eat dinner at home on Saturdays. **3b.** Gabriela and Andrew don't eat dinner at home on Saturdays. **4a.** Julio does not speak Italian. **4b.** Julio doesn't speak Italian. **5a.** I do not like cheese. **5b.** I don't like cheese. **6a.** I do not have a small kitchen. **6b.** I don't have a small kitchen.

5.4.b **1.** F **2.** F **3.** T **4.** F **5.** T **6.** F **7.** T **8.** F

5.5.a **1.** isn't **2.** don't **3.** isn't **4.** doesn't **5.** don't **6.** don't **7.** aren't **8.** doesn't **9.** aren't **10.** don't

5.5.b **1.** I don't live in Hawaii. **2.** We don't have a dog. **3.** I'm not tired. **4.** She doesn't work at a restaurant. **5.** Juana doesn't need a car. **6.** Her garden isn't beautiful. **7.** The cooks aren't tired. **8.** We don't study English every day. **9.** My son doesn't have a good teacher. **10.** Andrea isn't my cousin.

5.5.c I'm not happy. I don't like my job. My job isn't interesting. I don't have enough money. I am not in love with my husband. I don't live in a nice house. I don't have a yard. I don't like my life.

5.5.d ~~1a. I no living in Texas.~~ ~~2b. Louisa doesn't a doctor.~~ ~~3b. My brother isn't has a job.~~ ~~4b. Patricia no is student.~~ ~~5a. My father no is work at that restaurant.~~ ~~6a. We no like Chinese food.~~ ~~7b. The laundromat doesn't is closed.~~ ~~8a. We don't aren't married.~~

5.6.a **1a** Q **1b** ? **2a** Q **2b** ? **3a** S **3b** . **4a** S **4b** . **5a** S **5b** . **6a** Q **6b** ? **7a** Q **7b** ? **8a** Q **8b** ?

5.6.b **1.** Do you work? **2.** Do you speak English?

3. Do you like apples? **4.** Do you live in Canada? **5.** Do you need a car? **6.** Do you play soccer? **7.** Does Ana speak Spanish? **8.** Does Jose live here?

5.6.c **1a.** Do **1b.** No, they don't. **2a.** Do **2b.** No, they don't. **3a.** Do **3b.** No, they don't. **4a.** Does **4b.** Yes, she does. **5a.** Does **5b.** Yes, he does. **6a.** Do **6b.** Yes, they do. **7a.** Do **7b.** Yes, they do.

5.7.a **1a.** Yes, she does. **2b.** Yes, I do. **3a.** Yes, he does. **4b.** No, they don't. **5a.** No, she doesn't. **6a.** No, she doesn't. **7b.** Yes, she does. **8a.** No, I don't.

5.7.b **1a.** Yes, I do. **1b.** Yes, I like pizza. **2a.** Yes, I do. **2b.** Yes, I work at a restaurant. **3a.** Yes, she does. **3b.** Yes, she lives in the U.S. **4a.** Yes, they do. **4b.** Yes, they speak English.

5.7.c **1a.** No, I don't. **1b.** No, I don't have a job. **2a.** No, I don't. **2b.** No, I don't like American food. **3a.** No, he doesn't. **3b.** No, he doesn't live in Mexico. **4a.** No, it doesn't. **4b.** No, it doesn't have a microwave.

5.8.a Las respuestas varían según el estudiante.

5.8.b **1.** No, he isn't. **2.** Yes, he does. **3.** No, he doens't. **4.** Yes, he is. **5.** Yes, he does. **6.** Yes, he does. **7.** No, he isn't. **8.** Yes, he does. **9.** Yes, he is. **10.** Yes, he does. **11.** No, he doesn't. **12.** Yes, he is.

5.9.a **1.** Where do you study English? **2.** When do you study English? **3.** When do you call your family? **4.** What time do they eat dinner? **5.** Where does Luis work? **6.** Where does Julia live?

5.9.b **1a.** She works from Monday to Friday. **2b.** I play soccer on Tuesdays. **3b.** I study English from 8 to 10 p.m. **4a.** I buy food at Andres Market. **5a.** She eats lunch at Max's Cafe. **6a.** It starts at 9:00. **7a.** She studies at San Juan Adult School. **8a.** I wash my car on Saturdays.

5.9.c **1.** He gets up at 9:00. **2.** No, he doesn't. **3.** He eats breakfast at Charley's Restaurant. **4.** He drinks a cup of coffee. **5.** He goes to the park in the afternoon. **6.** He walks in the park. **7.** Yes, he does. **8.** He goes to sleep at 11:00.

P5.a **1.** Lisa doesn't drive to work. **2.** Mario doesn't go to Atlas Community College. **3.** I don't play soccer on Mondays. **4.** The students don't have homework every day. **5.** We don't live in Seattle. **6.** My brother doesn't live in Mexico. **7.** I don't work at a restaurant. **8.** My parents don't like Chinese food. **9.** I'm not tired. **10.** I don't eat lunch at 11:30. **11.** They don't watch television every night. **12.** Jose isn't my uncle. **13.** My husband doesn't want a dog. **14.** Mary and Justin don't have two daughters. **15.** You're not late./ You aren't late.

P5.b **1.** doesn't have **2.** doesn't go **3.** doesn't have **4.** doesn't go **5.** doesn't have **6.** doesn't do **7.** doesn't have **8.** don't go **9.** do not **10.** do not **11.** don't have **12.** doesn't **13.** am not **14.** does not

P5.c Responses depend on the student.

P5.d **1.** No, they don't. **2.** No, she isn't. **3.** Yes, they do. **4.** No, she doesn't. **5.** Yes, she does. **6.** Yes, she does. **7.** No, she doesn't. **8.** Yes, she does. **9.** Yes, she does. **10.** No, she doesn't. **11.** Yes, they are. **12.** Yes, they do.

P5.e **1.** Where do you work? **2.** When do you work? **3.** Where does Lucy buy shoes? **4.** Where does Ana play soccer? **5.** What time do you eat lunch? **6.** When does Jose work?

P5.f **1a.** Yes, she does. **2a.** Yes, I am. **3a.** Yes, she is. **4b.** No, they don't. **5a.** Yes, they are. **6b.** No, he doesn't. **7a.** No, she doesn't. **8b.** Yes, she does. **9a.** No, I don't. **10b.** No, she doesn't.

P5.g **1.** I don't have a car. **2.** My daughter isn't a nurse. She's a doctor. **3.** My mother doesn't live in Houston. She lives in Atlanta. **4.** I have two jobs. **5.** My sisters don't speak English. **6.** My kitchen isn't big. It's small. **7.** My husband doesn't want a dog. **8.** I'm not happy because I don't have a car. **9.** My daughter doesn't like pizza. **10.** My friends aren't at the park. They're at school.

P5.h **1.** Do you have a car? **2.** Do you speak English? **3.** Do you live in Chicago? **4.** Do you feel sick? **5.** Do you work at Pop's Pizza? **6.** Does your sister have a car? **7.** Does your brother speak English? **8.** Does Liliana live in Miami?

Capítulo 6

6.1.a **1.** talking **2.** working **3.** eating **4.** playing **5.** going **6.** doing **7.** brushing **8.** cleaning

6.1.b **1.** am sleeping **2.** are sleeping **3.** is sleeping **4.** is sleeping **5.** is sleeping **6.** are sleeping **7.** is sleeping **8.** is sleeping **9.** are sleeping **10.** are sleeping **11.** are sleeping **12.** is sleeping

6.1.c **1.** am working **2.** are working **3.** is working **4.** is working **5.** is working **6.** are working **7.** is working **8.** is working **9.** is working **10.** are working **11.** are working **12.** are working

6.1.d **1.** are reading **2.** are reading **3.** is reading **4.** is reading **5.** am reading **6.** are reading **7.** is reading **8.** is reading

6.2.a **1.** fixing **2.** watching **3.** studying **4.** relaxing **5.** speaking **6.** paying **7.** going **8.** sitting **9.** brushing **10.** writing **11.** carrying **12.** putting **13.** playing **14.** listening **15.** running **16.** driving

6.2.b **1.** is preparing **2.** are driving **3.** are watching **4.** is taking **5.** am brushing **6.** are speaking **7.** am cutting **8.** are playing

6.2.c **1.** I am reading a book. **2.** Susan is dancing. **3.** Irma is watching television. **4.** We are studying English. **5.** The girls are sleeping. **6.** Lillian is working and Lucas is at school.

6.3.a **1.** I am not working. **2.** They are not watching television. **3.** She is not reading. **4.** We are not driving home from work. **5.** It is not raining. **6.** They are not running in the park. **7.** He is not preparing lunch. **8.** I am not talking to my sister. **9.** We are not walking to the mall.

6.3.b **1.** I <u>am studying</u> Spanish. **2.** The students <u>are playing</u> soccer. **3.** We <u>are not working</u> now. **4.** The children <u>are playing</u> at the park. **5.** They <u>are reading</u> now. **6.** Laura <u>is sitting</u> in the kitchen. **7.** Antonio <u>is sleeping</u> now. **8.** My parents <u>are not visiting</u> my sister. **9.** I <u>am not sleeping</u>. **10.** They <u>are not talking</u>.

6.3.c **1.** I am not working now. **2.** I am not studying now. **3.** Marlene is not sleeping. **4.** The children are not playing now. **5.** My father is not eating.

6.4.a **1.** I'm reading. **2.** They're playing soccer. **3.** She's working. **4.** We're walking to work. **5.** It's raining. **6.** They're carrying their books. **7.** He's repairing his car. **8.** I'm taking a shower.

6.4.b **1.** She isn't working today. / She's not working today. **2.** They aren't brushing their teeth. / They're not brushing their teeth. **3.** She isn't taking a shower. / She's not taking a shower. **4.** We aren't visiting your parents. / We're not visiting your parents. **5.** It isn't raining. / It's not raining. **6.** He isn't sitting in his car. / He's not sitting in his car. **7.** He isn't talking to his girlfriend. / He's not talking to his girlfriend. **8.** I'm not playing the violin.

6.4.c **1.** <u>I am studying</u> French. **2.** They <u>are working</u> at an airport. **3.** We <u>are not working</u> six days a week. **4.** He <u>is not walking</u> to school. **5.** They <u>are not listening</u> to music. **6.** We <u>are reading</u> in the kitchen. **7.** She <u>is not sleeping</u> now. **8.** I <u>am visiting</u> my daughter in Colorado.

6.5.a **1.** Are--No, they aren't. **2.** Is--No, he isn't. **3.** Is--Yes, she is. **4.** Is--Yes, she is. **5.** Are--No, they aren't. **6.** Are--No, they aren't. **7.** Are--Yes, they are. **8.** Is--Yes, he is. **9.** Is--No, he isn't. **10.** Is--Yes, she is. **11.** Is--No, she isn't.

6.5.b **1.** Are you working? **2.** Is Juana working now? **3.** Are you going home? **4.** Is Caroline studying now? **5.** Are they at home? **6.** Is Ernesto eating dinner? **7.** Are you sleeping? **8.** Does Jose live here?

6.6.a **1.** She's reading. **2.** He's writing. **3.** They're eating. **4.** He's drinking. **5.** They're talking. **6.** He's sleeping.

6.6.b **1.** e **2.** b **3.** f **4.** c **5.** d **6.** a **7.** h **8.** g

6.6.c **1.** What are you doing? **2.** Where are you going? **3.** Why are you crying? **4.** What is

Alberto doing? **5.** Where is he going?

6.7.a **1.** am studying, present progressive **2.** studies, simple present **3.** know, simple present **4.** works, simple present **5.** has, simple present **6.** am watching, present progressive **7.** watch, simple present **8.** are listening, present progressive

6.7.b **1.** No, he isn't. **2.** No, he doesn't. **3.** Yes, he is. **4.** Yes, he does. **5.** No, he isn't. **6.** Yes, he is.

6.7.c **1a.** Yes, I am. **2b.** Yes, I do. **3b.** Yes, I do. **4b.** I am relaxing. **5b.** Yes, she does. **6a.** I study. **7a.** Yes, they are. **8a.** I wash my car on Saturdays. **9b.** I go to sleep at 11:15.

P6.a **1.** working **2.** visiting **3.** driving **4.** living **5.** carrying **6.** sitting **7.** taking **8.** studying **9.** writing **10.** brushing **11.** dancing **12.** putting **13.** playing **14.** listening **15.** running **16.** sleeping

P6.b **1.** No, he isn't. **2.** No, he isn't. **3.** Yes, he is. **4.** Yes, he is. **5.** No, they aren't. **6.** Yes, they are. **7.** No, they aren't. **8.** Yes, he is. **9.** Yes, she is. **10.** Yes, he is.

P6.c **1.** Is **1a.** Yes, he is. **1b.** Yes, he's reading. **2.** Are **2a.** Yes, they are. **2b** Yes, they're studying. **3.** Are **3a.** Yes, they are. **3b.** Yes, they're working now. **4.** Is **4a.** Yes, he is. **4b.** Yes, he's playing soccer.

P6.d **1.** Is **1a.** No, she isn't./No, she's not. **1b.** No, she isn't doing her homework./No, she's not doing her homework. **2.** Is **2a.** No, he isn't. No, he's not. **2b.** No, he isn't playing video games. / No, he's not playing video games. **3.** Are **3a.** No, they aren't. / No, they're not. **3b.** No, they aren't playing tennis. / No, they're not playing tennis. **4.** Are **4a.** No, they're not. / No they aren't. **4b.** No, they're not playing soccer. / No, they aren't playing soccer.

P6.e **1b.** ~~I am play soccer.~~ **2a.** ~~He is work now.~~ **3b.** ~~I studying English.~~ **4a.** ~~Marcos and Ana are watch TV.~~ **5b.** ~~I no playing tennis.~~ **6b.** ~~My boss no working today.~~ **7b.** ~~Lucy is wash her clothes.~~ **8a.** ~~I walking in the park.~~

P6.f **1.** I study English from Monday to Friday.

2. I'm studying English now. **3.** Angel plays soccer twice a week. **4.** Angel is playing soccer now. **5.** Sam isn't speaking English. **6.** Sam doesn't speak English at home. **7.** I'm walking to my school now. **8.** I walk to my school every day.

P6.g **1.** Yes he is. **2.** She's at home. **3.** She's taking her daughter to the doctor. **4.** No, he isn't. **5.** No, he isn't. **6.** Yes, he is. **7.** No, she isn't. **8.** She is taking her car to the mechanic. **9.** Yes, he is.

P6.h **1.** He's at home. **2.** Yes, he is. **3.** He has the flu. **4.** Yes, he does. **5.** He's listening to music.

Apéndice B: El verbo *To Be*

El siguiente cuadro muestra cómo conjugar oraciones afirmativas con el verbo **to be.**

Oraciones afirmativas sin contracción	Oraciones afirmativas con contracción	Traducción en español
I am tired.	I'm tired.	Estoy cansado. Estoy cansada.
You are tired.	You're tired.	Estás cansado. Estás cansada.
He is tired.	He's tired.	Él está cansado.
She is tired.	She's tired.	Ella está cansada.
It is tired.	It's tired.	
We are tired.	We're tired.	Nosotros estamos cansados. Nosotras estamos cansadas.
They are tired.	They're tired.	Ellos están cansados. Ellas están cansadas.

El siguiente cuadro muestra cómo conjugar oraciones negativas con el verbo **to be.** Observa que, excepto en el caso de **I**, existen dos contracciones posibles para cada pronombre sujeto. Ambas contracciones significan lo mismo.

Oraciones negativas sin contracción	Oraciones negativas con contracción	Traducción en español
I am not tired.	I'm not tired.	No estoy cansado. No estoy cansada
You are not tired.	You're not tired. You aren't tired.	No estás cansado. No estás cansada.
He is not tired.	He's not tired. He isn't tired.	Él no está cansado.
She is not tired.	She's not tired. She isn't tired.	Ella no está cansada.
It is not tired.	It's not tired. It isn't tired.	
We are not tired.	We're not tired. We aren't tired.	Nosotros no estamos cansados. Nosotras no estamos cansadas.
They are not tired.	They're not tired. They aren't tired.	Ellos no están cansados. Ellas no están cansadas.

Glosario de términos de gramática

adjetivo: Una palabra que modifica o describe un sustantivo o pronombre. **Handsome** (guapo), **pretty** (bonita) y **blue** (azul) son ejemplos de adjetivos.

adjetivo demostrativo: Un adjetivo que indica si algo se encuentra cerca o lejos de ti. En inglés, los adjetivos demostrativos son **this, that, these** y **those.**

adjetivo posesivo: Un adjetivo que indica que algo pertenece a o está relacionado con un sustantivo. **My** (mi, mis) es un ejemplo de un adjetivo posesivo.

adverbio: Una palabra que modifica un adjetivo, un verbo u otro adverbio. **Always** y **very** son ejemplos de adverbios.

adverbio de frecuencia: Un adverbio que indica con qué frecuencia ocurre algo. **Always** y **sometimes** son adverbios de frecuencia.

contracción: Una palabra que se forma al combinar otras dos palabras. Al y del son contracciones en español. **I'm** y **don't** son ejemplos de contracciones en inglés.

género: Un tipo de clasificación que determina si los sustantivos, pronombres y adjetivos son masculinos, femeninos o neutrales. **Casa** es un sustantivo femenino; **techo** es un sustantivo masculino. En inglés, sólo algunos sustantivos tienen género. Por ejemplo, **mother** y **father.**

interrogativo: Una palabra que con frecuencia se incluye en una pregunta. Interrogativos comunes en inglés son **who, what, when, where, why, how** y **how many.**

presente simple (**simple present**): Un tiempo verbal que se usa para hablar de actividades habituales que ocurren en el presente.

presente continuo (**present continuous**): Un tiempo verbal que se usa para hablar de actividades que están sucediendo en este mom ento. También se llama **present progressive.**

presente progresivo: Ver **present continuous.**

preposición: Una palabra que describe lugar, tiempo, dirección o ubicación. **Over** (arriba de) y **next to** (al lado de) son ejemplos de preposiciones.

pronombre: Una palabra que puedes usar para reemplazar un sustantivo. (Ver *pronombre personal*)

pronombre personal: Un pronombre que es el sujeto de una oración. En inglés, los pronombres personales son **I, you, he, she, it, we** y **they.**

sujeto: La palabra o las palabras en una oración que indican a quién o a qué se refiere la oración. El sujeto es, por lo general, el primer sustantivo o pronombre de la oración.

sustantivo: Una persona, un lugar, un animal o una cosa. **Teacher** (maestra) y **book** (libro) son ejemplos de sustantivos.

sustantivo plural: Un sustantivo que se refiere a más de una persona, un lugar, un animal, o una cosa. **Books** (libros) es un ejemplo de un sustantivo plural.

sustantivo posesivo: Una palabra que se usa para indicar que algo pertenece a alguien o a otra cosa. Por ejemplo, en la oración **Juana's sofa is new, Juana's** es el sustantivo posesivo porque indica que el sofá pertenece a Juana.

sustantivo singular: Un sustantivo que se refiere a una persona, un lugar, un animal, o una cosa. **Book** (libro) es un ejemplo de un sustantivo singular.

tiempo verbal: La forma del verbo que indica si el verbo ocurre en el pasado, presente o futuro.

verbo: Una palabra que habla de una acción o del estado actual de las cosas. **To be** (ser y estar) y **to have** (tener) son los verbos más comunes. Otros ejemplos de verbos son **talk** y **study.**

verbo auxiliar: Un verbo que ayuda al verbo principal. **Do** y **does** son ambos verbos auxiliares.

verbo en infinitivo: Un verbo que es ayudado por un verbo auxiliar. En esta oración: **I do not like pizza, like** es el infinitivo. También se llama **verbo principal.**

verbo principal: Un verbo que es ayudado por un verbo auxiliar. En esta oración: **I do not like pizza, like** es el verbo principal. También se llama verbos en **infinitivo.**

Índice analítico

Diccionario: inglés-español

A

above (*abóv*)   arriba de

age (*éish*)   edad

airplane (*érplein*)   avión

alone (*alóun*)   solo, sola

also (*ólsou*)   también

always (*ólweis*)   siempre

am (*am*)   soy, estoy

an (*an*)   un, una

and (*and*)   y

apple (*apl*)   manzana

appointment (*apóintment*)   cita

April (*éiprel*)   abril

architect (*árquetect*)   arquitecto(a)

are (*ar*)   eres, somos, son, estás, estamos, *están*

area code (*érea cóud*)   código de área

artist (*ártist*)   artista

at (*at*)   a, en

August (*ógost*)   agosto

aunt (*ant*)   tía

B

baby (*béibi*)   bebé(a)

babysitter (*béibisiter*)   niñera

backpack (*bákpak*)   mochila

bad (*bad*)   malo(a)

bag (*bag*)   bolsa

ball (*bol*)   pelota

bathroom (*bázrrum*)   baño

bathtub (*báztab*)   tina, bañera

be (verb) (*bi*)   ser, estar

beach (*bich*)   playa

beautiful (*biútiful*)   hermoso(a)

because (*bicós*)   porque

bed (*bed*)   cama

before (*bifór*)   antes

begin (*biguín*)   empezar

behind (*bijáind*)   detrás

better (*béter*)   mejor

between (*bituín*)   entre

big (*big*)   grande

birth (*berz*)   nacimiento

birthday (*bérzdei*)   cumpleaños

birthplace (*bérzpleis*)   lugar de nacimiento

black (*blak*)   negro(a)

blender (*blénder*)   licuadora

blouse (*bláus*)   blusa

blue (*blu*)   azul

book (*buk*)   libro

boss (*bos*)   jefe(a)

box (*box*)   caja

boy (*bói*)   niño

boyfriend (*bóifrend*)   novio

bread (*bred*)   pan

break (*bréik*)   descanso

breakfast (*brékfast*)   desayuno

broken (*bróuken*)   roto(a)

broom (*brum*)   escoba

brother (*bráder*)   hermano

brother-in-law (*bráder in loh*)   cuñado

brown (*bráun*)   café, marrón, castaño

brush (verb) (*brash*)   cepillar

brush (noun) (*brash*)   cepillo

busy (*bisi*)   ocupado(a)

buy (*bái*)   comprar

C

call (*col*)   llamar

car (*car*)   carro, coche, auto

carpenter (*cárpenter*)   carpintero

carry (*kérri*)   llevar, cargar

cashier (*cashíer*)   cajero(a)

cat (*cat*)   gato(a)

chair (*cher*)   silla

cheap (*chip*)   barato(a)

cheese (*chis*)   queso

cherry (*chérri*)   cereza

child (*cháild*)   niño(a)

church (*cherch*)   iglesia

city (*síti*)   ciudad

class (*clas*)   clase

classroom (*clásrrum*)   aula, sala de clase

clean (*clin*)   limpio(a)

clothes (*clóuds*)   ropa

coat (*cóut*)   abrigo

code (*cóud*)   código

coffee (*cófi*)   café

coffee table (*cófi téibl*)   mesa de café

cold (adj.) (*cóuld*)   frío(a)

cold (noun) (*cóuld*)   frío, resfriado

color (*cólor*)   color

company (*cómpani*)   compañía

complete (*complít*)   completo(a)

D

dark (*dark*)   oscuro(a)

date (*déit*)   fecha

date of birth (*déit of berz*)   fecha de nacimiento

daughter (*dóter*)   hija

daughter-in-law (*dóter in loh*)	nuera	**grandparents** (*grandpérents*)	abuelos
day (*déi*)	día	**grandson** (*grandsán*)	nieto
December (*dicémber*)	diciembre	**gray** (*gréi*)	gris
dictionary (*díkshonari*)	diccionario	**green** (*grin*)	verde
dinner (*díner*)	cena		
drive (*dráiv*)	manejar		

E

eat (*it*)	comer
egg (*eg*)	huevo
eight (*éit*)	ocho
eighteen (*éitín*)	dieciocho
eighty (*éiti*)	ochenta
eleven (*iléven*)	once
employee (*impló-i*)	empleado(a)
end table (*end téibl*)	mesita auxiliar
engineer (*inshenír*)	ingeniero(a)
eraser (*irréiser*)	borrador
evening (*ívnin*)	
expensive (*expénsif*)	caro(a)
eye (*ái*)	ojo

F

father (*fáder*)	padre
father-in-law (*fáder in loh*)	suegro
fear (*fir*)	miedo
feet (*fit*)	pies
fifteen (*fíftín*)	quince
fifty (*fífti*)	cincuenta
first (*ferst*)	primero(a)
first name (*ferst néim*)	primer nombre
five (*fáiv*)	cinco
foot (*fut*)	pie
forty (*fórti*)	cuarenta
four (*for*)	cuatro
fourteen (*fortín*)	catorce
friend (*frend*)	amigo(a)
from (*from*)	de, desde

G

garden (*gárdn*)	jardín
gardener (*gárdner*)	jardinero(a)
girl (*guerl*)	niña
girlfriend (*guérlfrend*)	novia
good (*gud*)	bueno(a)
grandchild (*grancháild*)	nieto(a)
granddaughter (*grandóter*)	nieta
grandfather (*granfáder*)	abuelo
grandmother (*granmáder*)	abuela

H

hair (*jer*)	pelo, cabello
handsome (*jánsom*)	guapo
happy (*jápi*)	feliz, contento(a)
hardworking (*jarduérkin*)	trabajador(a)
has (*jas*)	tiene
have (*jav*)	tengo, tienes, tenemos, tienen
he (*ji*)	él
he's (*jis*)	él es, él está
healthy (*jélzi*)	saludable
heat (*jit*)	calor
heavy (*jévi*)	pesado(a)
her (*jer*)	su (de ella)
his (*jis*)	su (de él)
homemaker (*jomméiker*)	ama de casa
hot (*jat*)	caliente
house (*jáus*)	casa
how (*jáu*)	cómo
how old (*jáu old*)	cuántos años
hundred (*jóndred*)	cien, ciento
hunger (*jánguer*)	hambre
hungry (*jángri*)	hambriento(a)
husband (*jásben*)	esposo

I

I (*ái*)	yo
I'm (*áim*)	yo soy, yo estoy
identification (*aidentifikéishon*)	identificación
in (*in*)	en
in love (*in lov*)	enamorado(a)
initial (*iníshal*)	inicial
intelligent (*intélishent*)	inteligente
interesting (*íntrestin*)	interesante
is (*is*)	es, está
it (*it*)	
it's (*its*)	

J, K

jacket (*sháket*)	chaqueta
January (*shániueri*)	enero
job (*shob*)	trabajo
juice (*shus*)	jugo
July (*shulái*)	julio
June (*shun*)	junio

key (*ki*)	llave			
kiss (*kis*)	beso			
kitchen (*kíchen*)	cocina			

L

lady (*léidi*)	dama
lamp (*lamp*)	lámpara
large (*larsh*)	grande
last name (*last néim*)	apellido
laundromat (*lóndromat*)	lavandería
lawyer (*lóier*)	abogado(a)
lazy (*léisi*)	flojo(a), perezoso(a)
library (*láibreri*)	biblioteca
like (*láik*)	gustar
listen (*lísen*)	escuchar
live (*lev*)	vivir
living room (*lívin rum*)	sala
lonely (*lóunli*)	solitario(a), solo(a)
love (*lov*)	amor
luck (*lak*)	suerte
lucky (*láki*)	afortunado(a)
lunch (*lanch*)	almuerzo

M

make (*méik*)	hacer
man (*man*)	hombre
many (*méni*)	mucho(a), muchos(as)
March (*march*)	marzo
marital status (*márital státus*)	estado civil
married (*mérrid*)	casado(a)
math (*maz*)	matemática
May (*méi*)	mayo
meat (*mit*)	carne
meeting (*mítin*)	reunión
men (*men*)	hombres
microwave (*máicroueiv*)	microondas
middle initial (*midl iníshal*)	la inicial del segundo nombre
middle name (*midl néim*)	segundo nombre
milk (*milk*)	leche
mirror (*mírror*)	espejo
Monday (*mándei*)	lunes
money (*máni*)	dinero
month (*monz*)	mes
morning (*mórnin*)	mañana
mother (*máder*)	madre
mother-in-law (*máder in loh*)	suegra
move (*muv*)	mudarse
movie (*múvi*)	película
my (*mái*)	mi, mis

N

name (*néim*)	nombre
nephew (*néfiu*)	sobrino
never (*néver*)	nunca
new (*niú*)	nuevo(a)
newspaper (*niúspeiper*)	periódico
next to (*nex tu*)	al lado de
nice (*náis*)	agradable
niece (*nis*)	sobrina
night (*náit*)	noche
night table (*náit téibl*)	mesita de noche
nine (*náin*)	nueve
nineteen (*naintín*)	diecinueve
ninety (*náinti*)	noventa
no (*no*)	no
noisy (*nóisi*)	ruidoso, ruidosa
not (*not*)	no
notebook (*nóutbuk*)	cuaderno
noun (*náun*)	sustantivo
November (*novémber*)	noviembre
number (*námber*)	número
nurse (*ners*)	enfermero(a)

O

occupation (*okiupéishon*)	trabajo
October (*octóuber*)	octubre
of (*of*)	de
office (*ófis*)	oficina
old (*old*)	viejo(a)
on (*on*)	sobre
once (*uáns*)	una vez
one (*uán*)	un, uno, una
one hundred (*uán jóndred*)	cien, ciento
only (*ónli*)	solo(a)
opera (*ópera*)	ópera
orange (*óransh*)	naranja, anaranjado
other (*áder*)	otro, otra
our (*áur*)	nuestro(a)
oven (*óven*)	horno

P

painter (*péinter*)	pintor(a)
pants (*pants*)	pantalones
parents (*pérents*)	padres
park (*park*)	parque
party (*párti*)	fiesta
peach (*pich*)	durazno
pen (*pen*)	bolígrafo
pencil (*pénsil*)	lápiz
people (*pípl*)	personas, gente

person (*pérson*)   persona

pharmacy (*fármasi*)   farmacia

picture (*píc-chur*)   retrato

place (*pléis*)   lugar

play (*pléi*)   jugar

poor (*pu-ur*)   pobre

preposition (*preposíshon*)   preposición

pretty (*príti*)   bonito(a), guapo(a)

problem (*próblem*)   problema

pronoun (*prónaun*)   pronombre

purple (*pérpl*)   morado(a)

Q, R

question (*kuéstion*)   pregunta

quiet (*kuáiet*)   silencioso(a), callado(a),

read (*rid*)   leer

red (*red*)   rojo(a)

refrigerator (*rifríshereitor*)   refrigerador

relative (*rélativ*)   pariente, familiar

relax (*riláx*)   relajar

rent (*rent*)   alquilar

retired (*ritáird*)   jubilado

rice (*ráis*)   arroz

room (*rum*)   cuarto

roommate (*rúmeit*)   compañero de cuarto

rug (*rag*)   alfombra

S

sad (*sad*)   triste

salesperson (*séilsperson*)   vendedor(a)

Saturday (*sáturdei*)   sábado

school (*skul*)   escuela, colegio

second (*sékond*)   segundo(a)

September (*septémber*)   septiembre

seven (*séven*)   siete

seventeen (*seventín*)   diecisiete

seventy (*séventi*)   setenta

she (*shi*)   ella

she's (*shis*)   ella es, ella está

shirt (*shert*)   camisa

shoes (*shus*)   zapatos

short (*short*)   chaparro(a), bajo(a)

shower (*sháuer*)   ducha

sick (*sik*)   enfermo(a)

single (*singl*)   soltero(a)

sink (*sink*)   fregadero, lavabo

sister (*síster*)   hermana

sister-in-law (*síster in loh*)   cuñada

sit (*sít*)   sentarse

six (*six*)   seis

sixteen (*síxtin*)   dieciséis

sixty (*síxti*)   sesenta

sleep (*slip*)   dormir, sueño

sleepy (*slípi*)   soñoliento

small (*smol*)   pequeño(a)

soccer (*sóker*)   fútbol

sock (*sok*)   calcetín

sometimes (*samtáims*)   a veces, algunas veces

son (*san*)   hijo

son-in-law (*san in loh*)   yerno

speak (*spik*)   hablar

start (*start*)   empezar

state (*stéit*)   estado

statement (*stéitment*)   afirmación

store (*stor*)   tienda

stove (*stóuv*)   cocina, estufa

straight (*stréit*)   lacio(a)

street (*strit*)   calle

student (*stiúdent*)   estudiante

study (*stádi*)   estudiar

subject (*sóbshekt*)   sujeto

Sunday (*sándei*)   domingo

T

table (*téibl*)   mesa

take (*téik*)   tomar

take a break (*téik e bréik*)   descansar

take a shower (*téik e sháuer*)   ducharse

tall (*tol*)   alto(a)

teacher (*tícher*)   maestro(a)

teeth (*tiz*)   dientes

telephone (*télefon*)   teléfono

television (*televíshon*)   televisión

ten (*ten*)   diez

textbook (*tékstbuk*)   libro de texto

that (*dat*)   ese, esa, eso

the (*de*)   la, lo, las, los

their (*der*)   su (de ellos), su (de ellas), sus (de ellos), sus (de ellas)

there (*der*)   allá, allí

there are (*der ar*)   hay

there is (*der is*)   hay

these (*díis*)   estos, estas

they (*déi*)   ellos, ellas

they're (*deyr*)   ellos son, ellos están, ellas son, ellas están

thin (*zin*)   delgado(a)

thirst (*zerst*)   sed

thirsty (*zérsti*)   sediento(a)

thirteen (*zertín*)   trece

thirty (*zérti*)   treinta

this (*dis*)	este, esta, esto	**where** (*uér*)	dónde
those (*dóus*)	esos, esas	**white** (*uáit*)	blanco(a)
three (*zri*)	tres	**who** (*ju*)	quien, quién
Thursday (*zúrsdei*)	jueves	**why** (*uái*)	por qué
time (*táim*)	tiempo, hora	**wife** (*uáif*)	esposa
tired (*táierd*)	cansado(a)	**window** (*uíndou*)	ventana
to be (*tu bi*)	ser, estar	**woman** (*uéman*)	mujer
today (*tudéi*)	hoy	**women** (*uémen*)	mujeres
toilet (*tóilet*)	excusado	**work (noun)** (*uérk*)	trabajo
tooth (*tuz*)	diente	**work (verb)** (*uérk*)	trabajar
towel (*táuel*)	toalla	**write** (*ráit*)	escribir
toy (*tói*)	juguete	**year** (*íer*)	año
tree (*tri*)	árbol	**yellow** (*iélou*)	amarillo(a)
Tuesday (*tiúsdei*)	martes	**yes** (*iés*)	sí
twelve (*tuélf*)	doce	**you** (*iú*)	tú, usted, ustedes
twenty (*tuénti*)	*veinte*	**you're** (*iúr*)	tú eres, tú estás, usted es, usted está, ustedes, son, ustedes están
twice (*tuáis*)	dos veces		
two (*tu*)	dos		
		young (*iáng*)	joven
		your (*iór*)	tu, tus, su, sus
		zip code (*tsip cóud*)	código postal

U, V

ugly (*ógli*)	feo(a)
uncle (*oncl*)	tío
under (*ánder*)	debajo de
unusual (*aniúshual*)	inusual
usually (*iúshali*)	normalmente
vegetables (*véshetabls*)	vegetales
verb (*verb*)	verbo
very (*véri*)	muy
visit (*vísit*)	visitar
volleyball (*vóleibol*)	voleibol
vowel (*váuel*)	vocal

W, X, Y, Z

waiter (*uéiter*)	mesero
waitress (*uéitres*)	mesera
walk (*uók*)	caminar
wall (*uól*)	pared
want (*uánt*)	querer
wash (*uósh*)	lavar
watch (*uách*)	mirar
watermelon (*uátermelon*)	sandía
we (*uí*)	nosotros, nosotras
we're (*uí-er*)	somos, estamos
wear (*uér*)	usar, llevar puesto
weather (*uéder*)	clima, tiempo
Wednesday (*uénsdei*)	miércoles
weekend (*uíken*)	fin de semana
what (*uát*)	qué, cuál
what time (*uát-táim*)	a qué hora, qué hora
when (*uén*)	cuándo

Diccionario: español-inglés

A

a	at (*at*)
a qué hora	what time (*uát-táim*)
a veces	sometimes (*samtáims*)
abogado(a)	lawyer (*lóier*)
abrigo	coat (*cóut*)
abril	April (*éiprel*)
abuela	grandmother *granmáder*)
abuelo	grandfather (*granfáder*)
abuelos	grandparents, (*grandpérents*)
acostarse	to go to bed (*to góu tu bed*)
adjetivo	adjective (*ádshetiv*)
afirmación	statement (*stéitment*)
afortunado(a)	lucky (*láki*)
agosto	August (*ógost*)
agradable	nice (*náis*)
al lado de	next to (*nex tu*)
albañil	construction worker (*constrókshon uérker*)
alfombra	rug (*rag*)
algunas veces	sometimes (samtáims)
allí	there (*der*)
almuerzo	lunch (*lanch*)
alquilar	to rent (*to rent*)
alto(a)	tall (*tol*)
ama de casa	homemaker (*jom*-méiker)
amarillo(a)	yellow (*iélou*)
amigo(a)	friend (frend)
amor	love (lov)
antes	before (bifór)
año	year (*íer*)
apellido	last name (*last néim*)
árbol	tree (*tri*)
arquitecto(a)	architect (*árquetect*)
arreglar,	to fix (*to fix*)
arriba de	above (*abóv*)
arroz	rice (*ráis*)
artista	artist (*ártist*)
aula	classroom (*clásrrum*)
avión	airplane (*érplein*)
azul	blue (*blu*)

B

bajo(a)	short (*short*)
bañera	bathtub (*báztab*)
baño	bathroom (*bázrrum*)
barato(a)	cheap (*chip*)
bebé(a)	baby (*béibi*)
beso	kiss (*kis*)
biblioteca	library (*láibreri*)

blanco(a)	white (*uáit*)
blusa	blouse (*bláus*)
bolígrafo	pen (*pen*)
bolsa	bag (*bag*)
bonito(a)	pretty (*príti*), beautiful (*biútiful*)
borrador	eraser (*irréiser*)
bueno(a)	good (*gud*)

C

cabello	hair ((*jer*)
café	coffee (*cófi*), brown (*bráun*)
caja	box (*box*)
cajero(a)	cashier (*cashíer*)
calcetín	sock (*sok*)
caliente	hot (*jot*)
callado(a)	quiet (*kuáiet*)
calle	street (*strit*)
calor	heat (*jit*)
cama	bed (*bed*)
caminar	to walk (*to wók*)
camisa	shirt (*shert*)
cansado(a)	tired (*táierd*)
cargar	to carry (*to kérri*)
carne	meat (*mit*)
caro(a)	expensive (*expénsif*)
carpintero	carpenter (*cárpenter*)
carro	car (*car*)
casa	house (*jáus*)
casado(a)	married (*mérrid*)
castaño	brown (*bráun*)
catorce	fourteen (*fórtín*)
cena	dinner (*díner*)
cepillar	to brush (*to brash*)
cereza	cherry (*chérri*)
chaparro(a)	short (*short*)
chaqueta	jacket (*sháket*)
chistoso(a)	funny (*fáni*)
cien, ciento	hundred (*jóndred*)
cinco	five (*fáiv*)
cincuenta	fifty (*fífti*)
cita	appointment (*apóintment*)
ciudad	city (*síti*)
clase	class (*clas*)
clima	weather (*uéder*)
cocina	kitchen (*kíchen*), stove (*stóuv*)
cocinero(a)	cook (noun) (*cuk*)
código	code (*cóud*)
código de área	area code (*érea cóud*)

código postal	zip code (*tsip cóud*)		dos	two (*tu*)
color	color (*cólor*)		dos veces	twice (*tuáis*)
comer	to eat (*to it*)		ducha	shower (*sháuer*)
cómo	how (*jáu*)		ducharse	to take a shower (*to téik e sháuer*)
cómoda	dresser (*dréser*)		durazno	peach (*pich*)
compañero de cuarto	roommate (*rúmeit*)			
compañía	company (*cómpani*)			
completo(a)	complete (*complít*)		**E**	
comprar	to buy (*to bái*)		edad	age (*éish*)
computadora	computer (*compiúter*)		el	the (*de*)
consonante	consonant (*cónsonant*)		él	he (*ji*)
contento(a)	happy (*jápi*)		ella	she (*shi*)
cuaderno	notebook (*nóutbuk*)		ellas	they (*déi*)
cuál	what (*uát*)		ellos	they (*déi*)
cuándo	when (*uén*)		empezar	to begin (*to biguín*), to start (*to start*)
cuántos años	how old (*jáu old*)		empleado(a)	employee (*impló-i*)
cuarenta	forty (*fórti*)		en	in (*in*)
cuarto	room (*rum*)		enamorado(a)	in love (*in lov*)
cuatro	four (*for*)		encimera	counter (*cáunter*)
cumpleaños	birthday (*bérzdei*)		enero	January (*shániueri*)
cuñada	sister-in-law (*síster in loh*)		enfermero(a)	nurse (*ners*)
cuñado	brother-in-law (*bráder in loh*)		enfermo(a)	sick (*sik*)
			entre	between (*bituín*)
			eres	are (*ar*)
D			es	is (*is*)
dama	lady (*léidi*)		esa	that (*dat*)
de	from (*from*), of (*of*)		escoba	broom (*brum*)
debajo de	under (*ánder*)		escribir	to write (*to ráit*)
delante de	in front of (*in fróntof*)		escuchar	to listen (*to lísen*)
delgado(a)	thin (*zin*)		escuela	school (*skul*)
desayuno	breakfast (*brékfast*)		ese	that (*dat*)
descansar	to take a break (*to téik e bréik*)		esos, esas	those (*dóus*)
descanso	break (*bréik*)		espejo	mirror (*mírror*)
desde	from (*from*)		esposa	wife (*uáif*)
después	after (*áfter*)		esposo	husband (*jásben*)
detrás	behind (*bijáind*)		esta	this (*dis*)
día	day (*déi*)		está	is (*is*)
diccionario	dictionary (*díkshonari*)		estado	state (*stéit*)
diciembre	December (*dicémber*)		estado civil	marital status (*márital státus*)
diecinueve	nineteen (*naintín*)		estamos	are (*ar*)
dieciocho	eighteen (*eitín*)		están	are (*ar*)
dieciséis	sixteen (*sixtín*)		estar	to be (*tu bi*)
diecisiete	seventeen (*seventín*)		estas	these (*díis*)
diente	tooth (*tuz*)		estás	are (*ar*)
dientes	teeth (*tiz*)		este	this (*dis*)
diez	ten (*ten*)		esto	this *dis*)
dinero	money (*máni*)		estos	these (*díis*)
dirección	address (*aedrés*)		estoy	am (*am*)
divorciado(a)	divorced (*divórst*)		estudiante	student (*stiúdent*)
doce	twelve (*tuélf*)		estudiar	to study (*to stádi*)
domingo	Sunday (*sándei*)		estufa	stove (*stóuv*)
dónde	where (*uér*)		excusado	toilet (*tóilet*)
dormir	to sleep (*to slip*)			

F

febrero	February (*februéri*)
fecha	date (*déit*)
fecha de nacimiento	date of birth (*déit of berz*)
feliz	happy (*jápi*)
feo(a)	ugly (*ógli*)
fiesta	party (*párti*)
fin de semana	weekend (*uíken*)
flojo(a)	lazy (*léisi*)
fregadero	sink (*sink*)
frío	cold (noun) (*cóuld*)
frío(a)	cold (adj.) (*cóuld*)
fruta	fruit (*frut*)
fútbol	soccer (*sóker*)

G

gato(a)	cat (*cat*)
gente	people (*pípl*)
grande	big (*big*), large (*larsh*)
gris	gray (*gréi*)
guapa	pretty (*príti*)
guapo	handsome (*jánsom*)
gustar	to like (*to láik*)

H

hablar	speak (*spik*)
hacer	to do (*to du*), to make (*to méik*)
hambre	hunger (*jánguer*)
hambriento(a)	hungry (*jángri*)
hay	there is (*der is*), there are (*der ar*)
helado	ice cream (*áis crim*)
hermana	sister (*síster*)
hermano	brother (*bráder*)
hija	daughter (*dóter*)
hijo	son (*san*)
hombre	man (*man*)
hombres	men (*men*)
hora	hour (*áuer*), time (*táim*)
horno	oven (*óven*)
hoy	today (*tudéi*)
huevo	egg (*eg*)

I, J, K

identificación	identification (*aidentifikéishon*)
iglesia	church (*cherch*)
ingeniero(a)	engineer (*inshenír*)
inicial	initial (*iníshal*)
inteligente	intelligent (*intélishent*)
interesante	interesting (*íntrestin*)
inusual	unusual (*aniúshual*)
ir	to go (*to góu*)
jardín	garden (*gárdn*)
jardinero(a)	gardener (*gárdner*)
jefe(a)	boss (*bos*)
joven	young (*iáng*)
jubilado	retired (*ritáird*)
jueves	Thursday (*zúrsdei*)
jugar	play (*pléi*)
jugo	juice (*shus*)
juguete	toy (*tói*)
julio	July (*shulái*)
junio	June (*shun*)

L

la	the (*de*)
la inicial del segundo nombre	middle initial (*midl iníshal*)
lacio(a)	straight (*stréit*)
lámpara	lamp (*lamp*)
lápiz	pencil (*pénsil*)
las	the (*de*)
lavabo	sink (*sink*)
lavandería	laundromat (*lóndromat*)
lavar	to wash (*to uósh*)
leche	milk (*milk*)
leer	read (*rid*)
levantarse	to get up (*to eráp*)
libro	book (*buk*)
libro de texto	textbook (*tékstbuk*)
licuadora	blender (*blénder*)
limpio(a)	clean (*clin*)
llamar	to call (*to col*)
llave	key (*ki*)
llevar	to carry (*to kérri*)
llevar puesto	to wear (*to uér*)
los	the (*de*)
lugar	place (*pléis*)
lugar de nacimiento	birthplace (*berzpléis*)
lunes	Monday (*mándei*)

M

madre	mother (*máder*)
maestro(a)	teacher (*tícher*)
malo(a)	bad (*bad*)
manejar	drive (*draív*)
manzana	apple (*apl*)
mañana	morning (*mórnin*)
marrón	brown (*bráun*)
martes	Tuesday (*tiúsdei*)
marzo	March (*march*)

matemática	math (maz)		
mayo	May (méi)		
médico(a)	doctor (dóctor)		
mejor	better (béter)		
mes	month (monz)		
mesa	table (téibl)		
mesa de café	coffee table (cófi téibl)		
mesera	waitress (uéitres)		
mesero	waiter (uéiter)		
mesita auxiliar	end table (end téibl)		
mesita de noche	night table (náit téibl)		
mi	my (mái)		
microondas	microwave (máicroueiv)		
miedo	fear (fir)		
miércoles	Wednesday (uénsdei)		
mirar	to watch (to uách)		
mis	my (mái)		
mochila	backpack (bákpak)		
morado	purple (pérpl)		
mucho(a), muchos(as)	many (méni)		
muebles	furniture (fúrnachur)		
mujer	woman (uéman)		
mujeres	women (uémen)		
muy	very (véri)		

N

nacimiento	birth (berz)
naranja	orange (óransh)
negro(a)	black (blak)
nieta	grandaughter (grandóter), grandchild (g",ncháild)
nieto	grandson (grandsán), grandchild (grancháild)
niña	girl (guerl), child (cháild)
niñera	babysitter (béibisiter)
niño	boy (bói), child (cháild)
no	no (no), not (not)
noche	night (náit)
nombre	name (néim)
nombre completo	complete name (complít néim)
normalmente	usually (iúshuali)
nosotras	we (uí)
nosotros	we (uí)
noventa	ninety (náinti)
novia	girlfriend (guérlfrend)
noviembre	November (novémber)
novio	boyfriend (bóifrend)
nuera	daughter-in-law (dóter in loh)
nuestro(a)(os)(as)	our (áur)
nueve	nine (náin)
nuevo(a)	new (niú)
número	number (námber)
nunca	never (néver)

O, P

ochenta	eighty (éiti)
ocho	eight (éit)
octubre	October (octóuber)
ocupación	occupation (okiupéishon, job (shob)
ocupado, ocupada	busy (bísi)
oficina	office (ófis)
ojo	eye (ái)
once	eleven (iléven)
ópera	opera (ópera)
oscuro(a)	dark (dark)
otro(a)	other (áder)
padre	father (fáder)
padres	parents (pérents)
país	country (cóntri)
pan	bread (bred)
pantalones	pants (pants)
pared	wall (uól)
pariente	relative (rélativ)
parque	park (park)
película	movie (múvi)
pelo	hair (jer)
pelota	ball (bol)
pequeño(a)	small (smol)
periódico	newspaper (niúspeiper)
perro(a)	dog (dog)
persona	person (pérson)
personas	people (pípl)
pesado(a)	heavy (jévi)
pie	foot (fut)
pies	feet (fit)
pintor	painter (péinter)
piso	floor (flor)
playa	beach (bich)
pobre	poor (pu-ur)
por qué	why (uái)
porque	because (bicós)
pregunta	question (kuéstion)
preposición	preposition (preposíshon)
primer(a)(o)	first (ferst)
primo(a)	cousin (cásin)
problema	problem (próblem)
pronombre	pronoun (prónaun)
puerta	door (dor)

Q, R

qué	what (uát), which (uích)
querer	to want (to uánt)
queso	cheese (chis)
quien, quién	who (ju)
quince	fifteen (fiftín)

refrigerador	refrigerator (rifríshereitor)
relajar	relax (riláx)
reparar	fix (fix)
resfriado	cold (noun) (cóuld)
retrato	picture (píc-chur)
reunión	meeting (mítin)
rizado	curly (kérli)
rojo(a)	red (red)
ropa	clothes (clóuds)
roto	broken (bróuken)
ruidoso(a)	noisy (nóisi)

S

sábado	Saturday (sáturdei)
sala	living room (lívin rum)
sala de clase	classroom (clásrrum)
saludable	healthy (jélzi)
sandía	watermelon (uátermelon)
sed	thirst (zérst)
sediento(a)	thirsty (zérsti)
segundo nombre	middle name (midl néim)
segundo(a)	second (sékond)
seis	six (six)
sentarse	to sit (to sit)
sentir	to feel (to fil)
septiembre	September (septémber)
ser	to be (tu bi)
sesenta	sixty (síxti)
setenta	seventy (séventi)
sí	yes (iés)
siempre	always (ólweis)
siete	seven (séven)
silencioso(a)	quiet (kuáiet)
silla	chair (cher)
sobre	on (on)
sobrina	niece (nis)
sobrino	nephew (néfiu)
sofá	couch (cáuch)
solitario(a)	lonely (lóunli)
solo(a)	lonely (lóunli), alone (alóun),
soltero(a)	single (singl)
sombrero	hat (jat)
somos	are (ar)
son	are (ar)
soñoliento(a)	sleepy (slípi)
soy	am (am)
su (de él)	his (jis)
su (de ella)	her (jer)
su (de ellas)	their (der)
su (de ellos)	their (der)
sucio(a)	dirty (dérti)

suegra	mother-in-law (máder in loh)
suegro	father-in-law (fáder in loh)
sueño	sleep (slip)
suerte	luck (lak)
sujeto	subject (sóbshekt)
sus (de ellas)	their (der)
sustantivo	noun (náun)

T

también	also (ólsou)
tarde	afternoon (afternún)
tarea	homework (jóumurk)
teléfono	telephone (télefon)
televisión	television (télevishon)
tener	to have (to jav)
terminar	to finish (to fínish)
tía	aunt (ant)
tiempo	weather (uéder) ime (táim)
tienda	store (stor)
tiene	has (jas)
tina	bathtub (báztab)
tío	uncle (oncl)
toalla	towel (táuel)
tomar	take (téik)
trabajador(a)	hardworking (jarduérkin)
trabajar	to work (verb) (uérk)
trabajo	job (shob), occupation (okiupéishon), work (uérk)
trece	thirteen (zertín)
treinta	thirty (zérti)
tres	three (zri)
triste	sad (sad)
tu	your (iór)
tú	you (iú)
tus	your (iór)

U, V

un	a (éi), an (an), one (uán)
una	a (éi), an (an)
una vez	once (uáns)
uno	one (uán)
usar	to wear (to uér)
usted	you (iú)
ustedes	you (iú)
vegetales	vegetables (véshetabls)
veinte	twenty (tuénti)
vendedor(a)	salesperson (séilsperson)
ventana	window (uíndou)
verbo	verb (verb)
verde	green (grin)
vestido	dress (dres)

viejo(a)	old *(old)*
viernes	Friday *(fráidei)*
visitar	to visit *(to vísit)*
vivir	to live *(to lev)*
vocal	vowel *(váuel)*
voleibol	volleyball *(vóleibol)*

W, X, Y, Z

y	and *(and)*
yerno	son-in-law *(san in loh)*
yo	I *(ái)*
zapato	shoe *(shu)*